미혼녀의
출산과
도덕 판단

# 미혼녀의 출산과 도덕 판단

| | |
|---|---|
| 발행일 | 2023년 3월 15일 |

| | | | |
|---|---|---|---|
| 지은이 | 남궁달화 | | |
| 펴낸이 | 손형국 | | |
| 펴낸곳 | (주)북랩 | | |
| 편집인 | 선일영 | 편집 | 정두철, 배진용, 윤용민, 김부경, 김다빈 |
| 디자인 | 이현수, 김민하, 김영주, 안유경 | 제작 | 박기성, 황동현, 구성우, 배상진 |
| 마케팅 | 김회란, 박진관 | | |
| 출판등록 | 2004. 12. 1(제2012-000051호) | | |
| 주소 | 서울특별시 금천구 가산디지털 1로 168, 우림라이온스밸리 B동 B113~114호, C동 B101호 | | |
| 홈페이지 | www.book.co.kr | | |
| 전화번호 | (02)2026-5777 | 팩스 | (02)3159-9637 |

| | | | |
|---|---|---|---|
| ISBN | 979-11-6836-777-7 03370 (종이책) | | 979-11-6836-778-4 05370 (전자책) |

**(주)북랩** 성공출판의 파트너

북랩 홈페이지와 패밀리 사이트에서 다양한 출판 솔루션을 만나 보세요!

**홈페이지** book.co.kr • **블로그** blog.naver.com/essaybook • **출판문의** book@book.co.kr

**작가 연락처 문의 ▸ ask.book.co.kr**

작가 연락처는 개인정보이므로 북랩에서 알려드릴 수 없습니다.

사실, 가치, 도덕 판단의
이론과 사례 보고서

# 미혼녀의
# 출산과
# 도덕 판단

미혼녀와 아이 모두를 위한 해답,
한국교원대 명예교수가 제시하다

남궁달화

북랩

이 책의 제목 '미혼녀의 출산과 도덕 판단'은 이 책의 마지막 장章인 제13장의 제목이기도 하다. 이 장에서는 어린 미혼녀가 원하지 않은 임신을 한 후, 아기를 낳아야 할지 말지의 출산 문제를 놓고 그것에 대해 도덕 판단을 하는 과정을 다루었다.

도덕에는 습관의 도덕과 이성의 도덕이 있다. 개인의 도덕성 발달의 정도에 따라 습관의 도덕성 수준에 머물러 있는 사람도 있다. 이러한 사람은 이성의 도덕에 기초해 도덕적 문제를 해결해야 할 경우에 어려움을 겪는다. 이성의 도덕은 도덕적 문제 해결의 과정에서 주로 도덕 판단에 의존한다.

이성의 도덕이 필요한 도덕적 문제는 '어떤 문제에 관련된 사람들 간의 욕구의 대립으로 이해利害가 얽혀 있어, 그로 인해 서로 간에 갈등을 겪고 있는 사태이다.' 이러한 이해관계는 그것이 물질적인 것과 관련된 것일 수도 있고, 정신적인 것과 관련된 것일 수도 있다. 일반적으로 이해관계가 발생한 문제에서는 그 문제에 관련된 사람들이 자신의 이익을 가능한 한 더 많이, 더 빨리, 그리고 더 오래 충족하고 싶어 한다. 하지만 이러한 욕구는 나만 또는 내가 속한 집단만 가지고 있는 것이 아니다. 그 문제에 관련된 다른 사람이나 다른 집단도 가지고 있다. 이러한 도덕적 문제를 해결하기 위해서는 이성의 도덕이 작용하는 도덕 판단이 필요하다.

대개 이해관계가 발생한 도덕적 문제 사태에서 행동을 위한 도덕 판단은 간단하지 않다. 단순하지도 않다. 도덕 판단은 참된 사실 판단과 타당한 도덕 원리의 지지를 받는 정당화 가능한 것이어야 할 뿐 아니라 그 문제에 관련된 사람들이 그것을 수용하여 실천도 할 수 있는 것이어야 하기 때문이다.

이 책의 제13장에서는 주인공으로 등장하는 미혼녀 갑순이가 원하지 않은 임신을 한 후, 출산과 관련하여 정당화 가능한 도덕 판단을 원만하게 할 수 있도록 그에 필요한 도덕적 문제 해결의 절차와 방법에 대해 안내하였다. 그러한 도덕 판단에 필요한 도덕적 소양을 쌓을 수 있도록 제1~12장에

걸쳐 다음과 같은 주제들에 대해 살펴보았다. 그 과정에서 도덕 교육적 접근을 하였다.

1. 욕구와 당위, 예절과 도덕, 양심과 도덕, 동서양 사상과 도덕에 대해 살펴보았다.
2. 사실 판단과 가치 판단, 도덕적 사고와 도덕 판단, 도덕적 토론의 대상과 방법, 도덕 판단과 도덕적 행동의 관계에 대해 살펴보았다.
3. 도덕적 실천 동기, 도덕적 신념과 도덕적 행동, 도덕적 문제와 쟁점의 성격에 대해 살펴보았다.


우리나라는 지금 저출산底出産 문제로 사회적, 국가적으로 여러 가지 면에서 어려움을 겪고 있다. 한편 미혼녀가 원하지 않은 임신을 한 경우에는 이런저런 사정으로 출산을 포기하는 경향이 있다는 소리도 들린다. 저자는, '혹여나 이러한 입장에 처해 있는 미혼녀가 이 책의 독자가 될 기회가 있으면 얼마나 좋을까' 하는 생각을 해 본다. '그녀가 생각을 바꿔 귀중한 생명을 구하는 계기가 되게 이 책이 영향을 미칠 수 있으면 얼마나 좋을까' 하는 생각도 해 본다. 그리하여 '우리나라의 출산율을 높이는 데 이 책이 아주 작은 보탬이라도 될 수 있으면 얼마나 좋을까' 하는 상상도 감히 해 본다.

이 책은 도덕적인 삶에 관심을 가지고 있는 모든 사람을 위해 저술되었다. 특히 청소년들의 도덕적 삶을 안내하는 데 관심을 두었다. 따라서 중고등학교는 물론, 대학의 도덕·윤리 수업에서 학습 참고서가 될 수 있기를 기대한다.

2023년 1월 23일

남궁달화

미혼녀의 출산과 도덕 판단

# 차 례

# 1

---

# 욕구와 당위

우리에게는 욕구가 있다. 욕구는 무엇을 먹고 싶어 하고, 가지고 싶어 하고, 하고 싶어 하고, 이루고 싶어 하는 등 무엇인가를 바라고 원하는 마음이다. 우리는 누구나 이러한 마음을 가지고 있다. 우리의 삶은 일반적으로 자신의 욕구를 충족시키거나 실현하는 일로 이루어진다. 그러므로 우리가 어떤 욕구를 가지고 있는가는 어떤 삶을, 어떻게 살아갈 것인가와 밀접한 관련이 있다[1].

욕구에는 생리적인 것과 사회적인 것이 있다. 생리적 욕구는 본능적이고 충동적이다. 생리적 욕구에는 식욕, 수면욕,

---

[1]  욕구欲求: 무엇을 얻거나 하고자 바라고 원하는 마음.
 욕망慾望: 부족을 느껴 무엇을 가지거나 누리고자 탐내는 마음.
 욕심慾心: 분수에 넘치게 무엇을 탐내거나 누리고자 하는 마음.

성욕 등이 있다. 이러한 욕구의 충족은 생명을 유지하고 종족을 보존하는 데 필요하다. 한편, 사회적 욕구는 심리적이고 인격적인 것이다. 사회적 욕구에는 안전, 안정, 애정, 소속감, 인정, 존경, 성취, 자아실현[2] 등이 있다. 이러한 욕구의 충족이나 실현은 사람으로서 품격을 유지하며 보람 있게 살아가는 데 필요하다.

우리는 어떤 욕구가 발생하면, 대개 그것을 충족시키거나 실현하려 한다. 그리고 그것이 이루어질 때, 삶의 만족과 보람을 느낀다. 그러나 우리가 우리의 욕구를 언제, 어디서나 항상 충족시키고 실현할 수 있는 것은 아니다. 욕구 충족과 욕구 실현의 대상이 되는 것은 대개 한정되어 있거나 개인의 소질과 노력이 있어야 하기 때문이다.

우리는 누구나 목이 마르면 물을 마시고 싶어 하고, 배가 고프면 밥을 먹고 싶어 한다. 이러한 욕구는 일상생활의 경우 대개 충족되는 편이다. 그러나 특정한 사태의 경우에는 제대로 충족시키지 못할 수 있다. 예를 들어, 등산이나 항해

---

2) 자아실현: 자신이 생각하는 바람직한 사람이 되기 위해 자신의 잠재력을 최대한 발휘하여 그러한 사람이 되는 일.

미혼녀의 출산과 도덕 판단

중에 조난을 당하거나 지진, 태풍, 홍수 등으로 인해 재해를 입은 사람들의 경우, 그들은 음식물에 대한 욕구를 제대로 충족시키지 못할 수 있다. 조난 당한 사람들이 구조되거나 재해 지역이 복구되기에는 상당한 시간이 걸릴 것이고, 한동안은 외부로부터의 음식물 공급도 원활하지 못할 수 있기 때문이다. 이러한 사태에서 사람들은 시간이 지남에 따라 굶주리게 되고, 결국에는 한정된 음식물을 두고 남보다 먼저 또는 더 많이 먹으려고 갈등을 일으킬 수 있다.

우리는 누구나 어느 정도는 돈을 원한다. 물질적으로 넉넉하고 육체적으로 안락한 생활은 아니더라도, 의식주를 해결하는 등 최소한의 경제생활과 복지 수준을 유지하기 위해서도 돈은 필요하기 때문이다. 그러나 돈은 다른 어느 것보다도 한정되어 있다. 더욱이 돈이 우리의 생활에서 물질적 측면의 것은 말할 것도 없고, 그 밖의 여러 가지 측면에서 영향을 미치는 것이 현실이기에, 돈에 대한 인간의 욕구는 더욱 커지는 경향이 있다. 그러므로 돈에 대한 욕구는 사람들 간 갈등을 일으키는 잠재적 요인이 될 수 있다.

우리에게는 누구나 무엇인가 되고자 하는 것을 성취하고 싶은 욕구가 있다. 예를 들어, 어떤 사람이 훌륭한 운동선수가 되기를 원한다고 하자. 그 사람이 그렇게 되기 위해서는,

무엇보다도, 운동에 대한 소질이 있어야 한다. 그리고 훌륭한 운동선수가 되겠다는 각오와 신념이 있어야 하고, 부단히 노력도 해야 한다. 여러 가지 어려움을 극복해 낼 수 있는 인내심도 있어야 한다. 그러나 만약에 그 사람이 운동에 대한 소질이나 능력이 별로 없다면, 훌륭한 운동선수가 되고자 하는 자신의 욕구를 실현하기 어렵다. 설사 그러한 소질과 능력이 있다 하더라도, 그것에 대한 각오와 신념이 확고하지 않거나 열심히 노력도 하지 않고 인내심마저 부족하다면, 그 사람은 자신의 욕구를 실현하기 어렵다.

우리는 누구나 사람들로부터 인정받고 싶고, 존경받고 싶은 마음을 가지고 있다. 그리고 그러한 것이 실현될 때, 삶이 보람되고 세상은 살만한 가치가 있다고 느낀다. 그러나 그러한 마음은, 우리가 바라고 원한다고만 해서 실현되는 것은 아니다. 우리가 사람들로부터 인정을 받으려면, 그럴 만한 행위를 했거나 성취한 업적이 있어야 한다. 어떤 사람이 그러한 것이 없는데도 인정을 받으려 한다면, 그 사람은 자신의 욕구를 충족시키지 못할 것이다. 또한 사람들로부터 존경을 받으려면, 그럴만한 인격을 갖추고 있어야 한다. 인격을 갖추지 못한 사람은 존경을 받지 못하기 때문이다.

미혼녀의 출산과 도덕 판단

우리는 일상생활에서 자신의 욕구를 충족시키고 실현하고자 한다. 그렇게 해야 삶의 만족과 행복을 느낄 수 있기 때문이다. 만약에 그렇게 하지 못한다면, 그로 인한 욕구불만은 곧바로 삶의 불만으로 작용하여 우리를 불행하게 한다. 이처럼 인간의 욕구와 삶의 관계는 밀접할 뿐 아니라 그것의 충족과 실현은 삶의 중요한 부분이 된다.

그러나 우리의 삶이, 자신이 바라고 원하는 욕구의 충족과 실현만으로 이루어지는 것은 아니다. 또, 그렇게 되어서도 안 된다. 우리는 욕구와 관계없이 '마땅히 해야' 할 것은 '하고', '마땅히 하지 말아야' 할 것은 '하지 않는' 당위當爲에 따른 삶도 살아야 하기 때문이다.

물론, 욕구는 다른 동물들에게도 있다. 하지만 그들의 욕구는 생리적인 것이 전부인 것 같다. 어쨌건 그들도 나름대로 그들의 욕구를 충족시키며 살아간다. 그러나 다른 동물들은 우리 인간과 같이 당위에 따른 삶을 살지는 않는다. 그들에게는 당위와 같은 것은 존재하지도, 요구되지도 않기 때문이다.

생활 속에서 욕구의 충족은 우리를 만족스럽고 즐겁게 해준다. 그것은 우리가 바라고 원하는 것이기 때문이다. 이에 비해 당위에 따르는 것은, 얼핏 볼 때, 우리를 즐겁고 만족스럽게 해 주는 것은 아닌 것 같다. 당위는 하기 싫은 경우에도 '해야 하는' 것이기 때문이다.

이처럼 당위는 우리에게 '하고 싶은 것을 하지 못하게' 요구하기도 하고, '하기 싫은 것을 하게' 요구하기도 하는 것으로서 우리의 행위를 구속[3]한다. 물론, 우리 중 어느 누구도 구속받는 것을 좋아하지 않는다. 그렇다고 당위를 거부해서도 안 된다. 그것의 거부는 '인간으로서'의 삶을 거부하는 것과도 같기 때문이다.

일반적으로 당위에 따라 행위 하기 위해서는 자신의 욕구를 억제해야 한다. 욕구의 억제는 구속이라는 점에서 불만족스러울 수 있다. 한편 우리가 당위에 따르기 위해서는 일종의 결단을 해야 한다. 예를 들어, 시험을 보는 중에 부정행위를 '하고 싶은 마음'이 생겼다고 하자. 그러나 그것은 '해서는 안 되는 일'이다. 이때, 우리는 욕구에 따를 것인가, 아니면 당위에 따를 것인가를 결정해야 한다. 그리고 그러한 결정은 자율적으로 이루어져야 한다.

자율적인 결정과 그에 따른 행동에 대한 책임은 행위자 자신이 져야 한다. 여기서 우리는 자율적으로 이루어지는 당

---

3) 구속拘束: 행동이나 의사의 자유를 제한함.

미혼녀의 출산과 도덕 판단

위의 행위는 타율적인 억제와는 달리 구속적이라고 보기 어렵다. 당위에 따르는 것이 마땅하다고 생각한 나머지, 스스로가 자신의 욕구를 억제하며 자율적으로 한 행위는 더 이상 구속이라고 볼 수 없기 때문이다.

당위에 따른 행위는 인간으로서의 기능4)을 옳게 발휘하는 것이기도 하다. 당위는 인간에게만 있는 것으로, 인간의 본질을 구성하는 요소가 되기 때문이다. 그러므로 우리는 당위에 따른 행위를 인간다운 삶의 모습이라고 볼 수 있다. 그러나 이 말이, 욕구의 충족과 실현은 인간다운 삶의 모습일 수 없다는 뜻은 아니다. 인간도 다른 동물들과 마찬가지로 생리적 욕구를 충족시켜야 생명의 유지와 종족의 보존이 이루어질 수 있고, 애정과 인정, 존경, 성취 등의 사회적 욕구도 실현할 수 있어야 삶의 보람과 행복을 느낄 수 있기 때문이다.

문제는 욕구와 당위가 충돌하여 갈등을 일으킬 때다. 그러할 때, 물론 우리는 당위에 따라야 한다. '마땅히 해야 하는 것'을 하지 않거나 '마땅히 해서는 안 되는 것'을 하게 되면, 사람들을 기분 나쁘게 할 수도 있고, 심지어 그들에게 해를 끼칠 수도 있다. 욕구와 당위가 충돌할 때 당위에 따라야 하

---

4)   기능機能: 자기가 마땅히 해야 할 맡은 바 책임.

는 것은 바로 이와 같은 이유에서다.

한편, 우리는 자신의 욕구 실현을 위해서도, 역설적5)이지만 당위에 따라야 한다. 예를 들어 사람들로부터 인정받고 싶거나 존경받고 싶은 욕구가 있다고 하자. 그러나 이러한 욕구는 당위에 따라 살지 않는 사람에게서는 실현되기 어렵다. 누구도 그러한 사람을 인정해 주거나 존경하지는 않을 것이기 때문이다.

우리의 삶에서 무엇보다도 바람직한 것은 욕구와 당위가 조화될 수 있도록 노력하는 모습이다. 이는, '원하는 것'과 '해야 하는 것'이 일치하도록 살아갈 수 있어야 한다는 뜻이다. 이러한 삶은, 우리가 '해야 하는 것을 동시에 원할 수 있어야' 가능하다.6)

---

5) 역설적逆說的: 얼핏 보아 모순을 일으키는 것으로 보이지만, 잘 살펴보면 그 속에 중요한 진리가 함축되어 있다고 생각할 때 쓰는 말.

6) 이러한 말은 "나이 칠십이 되어서는 마음에 하고 싶은 대로 좇아서 해도 법도에 어긋나지 않더라."라는 공자의 칠십이종심소욕불유구七十而從心所欲不踰矩와 같은 뜻으로도 볼 수 있다.

**2**

———

# 예절과 도덕

예절은 사회적 규범으로 예의에 관한 절차나 질서다. 예의는 사람들과의 관계에서 다른 사람에 대한 존경의 뜻을 표하기 위해 예禮로써 나타내는 말투나 몸가짐이다. 예는 사람이 마땅히 지켜야 하는 도리다. 다시 말하면, 예절이란 대인 관계7)에서 다른 사람에 대한 존경의 마음을 도리에 맞게 나타내는 말투나 몸가짐에 관한 절차다. '다른 사람에 대한 존경의 마음'은 예절의 내용이고, 그러한 마음을 '나타내는 언행에 관한 절차'는 예절의 형식이다.

예절에서 내용과 형식은 둘 다 중요하다. 대인 관계에서

---

7) 대인 관계對人 關係: 인간과 인간, 또는 인간과 집단과의 관계를 통틀어 이르는 말로 인간관계와 비슷한 말이다.

다른 사람을 존경하는 마음을 가지고 있다 하더라도, 그것을 도리에 맞는 절차에 따라 언행으로 나타내지 않는다면, 그것은 예절을 지키는 것이 아니다. 이와는 달리, 설령 절차에 따라 나타낸 언행일지라도, 다른 사람을 존경하는 마음이 없이 이루어진다면, 그 또한 예절을 지키는 것이 아니다. 이는 예절의 내용과 형식을 모두 따라야 올바른 예절이 된다는 뜻이다.

그런데 우리는 어느 경우에 예절을 지켜야 하는가? 물론, 예절은 사회생활에서 대인 관계가 이루어지는 경우에는 어느 때, 어느 곳에서도, 항상 지켜야 한다. 그중 일상생활에서 지켜야 할 대표적인 예절에는 만나고 헤어질 때의 인사, 말할 때의 어법이나 말투, 식사할 때의 태도, 의상 등과 관련된 것들이 있다. 그 밖에 우리가 전통적으로 중요하게 생각해 온 관례와 혼례, 상례, 제례를 치르거나 지낼 때 지켜야 하는 예절도 있다.

한편 도덕이란 무엇인가? 도덕 역시 사회적 규범이다. 도덕은 다른 사람들과 더불어 복지를 누리며 질서 있게 살아가기 위해 지키고 따라야 하는 규범이다. 기본적인 도덕규범에는 인8) 자비9), 사랑, 타인의 이익10) 고려, 타인에 대한 관심·배려·동정, 정직·진실, 사유 재산 보호, 인간 존중, 자유, 평등·공정·정의 등이 있다.

그런데 우리는 어느 경우에 이러한 도덕규범을 따라야 하는가? 예절과 같이 도덕에서도 대인 관계가 이루어지는 경우에는 언제, 어디서나, 항상 도덕규범을 따라야 하는가? 일반적으로 그렇다고 대답할 수 있다. 우리가 더불어 살아가기 위해서는 일상의 대인 관계에서도 다른 사람들에게 관심을 가지고, 곤경11)에 처한 사람이 있으면 도와주어야 하기 때문이다.

곤경에 처한 사람은 도움을 필요로 한다. 이때 그 사람을 불쌍히 여겨 도와주는 것이 도덕규범을 따르는 것이고, 이것이 바로 도덕적 행위다. 그 사람이 필요로 하는 것이 나의 마음이든 내가 가진 것이든, 그것을 그 사람과 나눔으로써 그 사람이 곤경에서 벗어날 수 있도록 도와주는 것이 도덕적 행위다. 이러한 행위는 우리의 마음속에 있는 측은지심12)이 작

---

8)  인仁: 남을 사랑하고 어질게 행동하는 일.
9)  자비慈悲: 남을 깊이 사랑하고 가엾게 여기는 마음.
10) 이익利益: 물질적으로나 정신적으로 보탬이 되는 것.
11) 곤경困境: 어려운 형편이나 처지.
12) 측은지심惻隱至心: 맹자가 한 말로 인仁에서 우러나는, 남의 불행을 불쌍히 여기는 마음.

용하여 자비와 같은 사랑을 베풂으로써 이루어진다.

한편 도덕은 대인관계에서 서로 간에 이른바 '문제'가 발생하여 그것을 해결하고자 할 때 요구되기도 한다. 예를 들어 음식, 성性, 돈, 권력, 사회적 지위 등과 같이 일반적으로 우리의 욕구의 대상이 되는 것들은 대개 한정되어 있다. 그러므로 어떤 상황에서 우리에게 욕구가 발생하면, 우리는 그것을 남보다 먼저 또는 더 많이, 심지어 혼자서만 충족시키고 싶은 마음이 생길 수 있다. 그것이 생리적 욕구의 경우에는 더욱 그러하다. 그러나 그러한 마음은 나만 그런 것이 아니다. 그 상황에 처해 있는 남들도 마찬가지다. 그러므로 그것을 충족시키려는 과정에서 서로 간에 갈등을 일으킬 수 있다. 이러한 대인 관계에서 발생한 갈등의 문제가 도덕적 문제다.

그러나 이 말이 대인 관계에서 발생하는 직접적인 갈등만이 도덕적 문제라는 뜻은 아니다. 예를 들어, 도움을 필요로 하는 곤경에 처한 사람을 만났다고 하자. 우리는 그 사람을 도와주어야 마땅하다. 그러나 우리는 그 사람을 도와줄까 말까 망설이는 등 갈등을 일으킬 때도 있다. 우리는 이러한 문제도, 양자 간에 갈등이 직접적으로 발생한 것은 아니지만, 도덕적 문제로 보아야 한다. 하지만 우리가 일상생활에서 흔히 부딪히는 도덕적 문제는 서로 간에 욕구의 대립으로 인해 발생하는 직접적인 갈등의 문제다. 우리는 이러한 도덕적 문제를 어떻게 해결할 수 있을까?

예를 들어 모두가 굶주려 배가 고프다고 하자. 이때 밥을 먹고 싶은 욕구는 나만 그런 것이 아니다. 다른 사람들도 마찬가지다. 다른 예로 대인 관계에서 사람들로부터 인격적으로 대접받고 싶은 것도 나만 그런 것이 아니다. 다른 사람들도 마찬가지다. 그러므로 갈등이 발생한 사태에서는 자신의 욕구뿐 아니라 다른 사람들의 욕구도 고려해야 한다. 내가 나의 욕구를 충족시키고 싶어 하듯이 다른 사람들도 그들의 욕구를 충족시키고 싶어 하는, 나와 똑같은 사람이기 때문이다.

다시 말하면, '이해관계13)가 얽힌 도덕적 문제'에서는 나의 이익과 다른 사람들의 이익을 공정하게 고려해야 한다. 나도 사람이고 그들도 사람이기 때문이다. 이러한 공정한 고려는 인이나 자비와 같은 사랑을 베풀 때에도 마찬가지다. 곤경에 처해 도움을 필요로 하는 사람이 여럿일 경우, 그들에게 베

---

13) 이해관계利害關係: 정신적인 것 때문이든 물질적인 것 때문이든, 서로 간에 이익과 손해가 걸려 있는 관계.

푸는 사랑 역시 공정하게 이루어져야 한다. 그렇지 않을 경우 그들 간에도 갈등이 생길 수 있기 때문이다.

이처럼 우리에게는 곤경에 처한 사람을 도와주는 '사랑의 도덕'도 필요하고, 갈등의 문제를 해결하는 '공정한 이익 고려의 도덕'도 필요하다. 우리가 더불어 복지를 누리며 질서 있게 살아갈 수 있기 위해서는 두 가지 도덕이 다 필요하기 때문이다.

예절과 도덕은 둘 다 사회적 규범이라는 점에서 같다. 규범은 당위의 문제다. 둘은 이 점에서도 같다. 예절과 도덕은 어느 한 사람에게만 요구되는 것이 아니다. 우리 모두에게 요구되고 우리 모두가 지켜야 하는 것이다. 이 점에서 예절과 도덕은 보편성[14]을 지닌다. 즉 둘은 보편적 규범이라는 점에서도 같다.

이처럼 사회 규범으로서의 예절과 도덕은 여러 가지 점에서 공통점을 가진다. 그러므로 양자의 차이점을 가려내는 것은 쉽지 않다. 우리가 만날 때 하는 인사와 말할 때의 어법이나 몸가짐 등의 예절은 주로 관습적인 것이다. 이에 비해 대

---

14) 보편성: 모든 사람에게 영향을 미치거나 통하는 성질.

미혼녀의 출산과 도덕 판단

인 관계에서 욕구나 이익이 대립하여 발생한 도덕적 문제는 주로 공정하게 해결되어야 하는 합리성의 문제다. 관습에는 합리성이 결여된 부분도 있지만, 도덕은 주로 합리성에 근거하고 있다. 이 점에서 예절과 도덕은 차이가 있다. 15)

예절은 다른 사람에 대한 존경의 뜻을 질서 있는 절차에 따라 말이나 행동으로 상대방에게 나타내 보이는 것이라고 했다. 그러므로 내가 예절을 지키는가는, 대부분의 경우 상대방이 그때 그곳에서 직접 눈으로 보거나 확인할 수 있다. 예를 들어, 거리나 놀이터에서 어린이가 이웃에 사시는 어른을 만났을 때, 그 분에게 인사를 하는가, 안 하는가는 눈으로 볼 수 있다. 처음 보는 사람이 나에게 존댓말을 하는가, 반말을 하는가도 직접 확인된다.

이에 비해 내가 도덕을 지키는가는 도덕적 문제의 내용과 성격에 따라 그 문제에 관련된 다른 사람의 눈에 보이는 경우도 있고, 그렇지 않은 경우도 있다. 내가 그 사람의 이익을 그 사람이 보지 못하는 사이에 고려하여 처리할 경우, 나의 그러한 행위는 그 사람이 모를 수 있다. 16) 이처럼 도덕은, 어

---

15) 관습은 합리성이 결여되어 있다고 판단될 경우에는 대개 타파되는 경향이 있다.
16) 이 말은 '오른손이 하는 일을 왼손이 모르도록 하라.'는 예수의 말과 같은 뜻이다.

떤 사람이 도덕적 행위를 했더라도, 그것이 알려지는 경우도 있고 그렇지 않은 경우도 있다. 즉 도덕의 모습은 눈에 보이는 면도 있고, 보이지 않는 면도 있다. 이러한 점에서 예절과 도덕은 차이가 있는 편이다.

그러나 예절과 도덕의 가장 큰 차이점은, 예절을 지키지 않으면 다른 사람을 기분 나쁘게 할 수 있는 데 비해 도덕을 지키지 않으면 다른 사람을 해롭게 할 수 있다는 데 있다. 우리는, 비록 자주 만나는 사이라 하더라도, 친구가 나를 보고도 인사도 없이 또는 아는 체도 하지 않고 지나쳐버릴 때 기분이 나쁘다. 물론 친구가 거짓말을 하거나 약속을 지키지 않을 때에도 기분은 나쁘다. 그러나 이러한 경우에는 단순히 기분 나쁜 데 그치지 않고, 마음의 상처를 입기도 하고 시간적으로나 물질적으로 손해를 입기도 한다.

우리의 삶에서 예절과 도덕은 서로가 갈등을 일으킬 때도 있다. 예절을 지키자니 도덕에 어긋나고, 도덕을 지키자니 예절에 어긋나는 경우가 있다. 예를 들어, 부모님께서 내가 한 어떤 행위에 대해 잘못이라고 꾸짖고 계신다고 하자. 그런데 말씀을 듣고 보니 일부는 잘못 알고 계시다는 점을 발견했다. 이때 나는 그것에 대해 사실대로 말씀을 드려야 하는가? 그렇게 하자니 부모님께 말대답을 하는 것 같고, 그렇

미혼녀의 출산과 도덕 판단

다고 말씀을 안 드리자니 내가 한 행위가 모두 잘못이라고 알고 계실 것이다.

여기서 '윗사람에 대한 말대답'은 예절의 문제이고, '사실대로 정직하게 말하는 것'은 도덕의 문제다. 이러한 예절과 도덕 간의 갈등은 사회 규범으로서 어느 것이 우선인가의 문제를 일으키기도 한다. 이는 아마도 구체적인 상황에 따라 다를 것이다. 그러나 일반적으로는 도덕을 예절보다 우선하는 편이다. 17)

그러나 예절과 도덕이 서로 갈등하는 관계에만 있는 것은 아니다. 만약에 어떤 도덕적 행동이 예의를 갖추지 못한 채 이루어진다면, 비록 그 행동의 내용은 도덕에 맞는 것이라 하더라도, 그것은 도덕적 행동으로서 바람직하다고 보기 어렵다. 도덕적 행동도 예절에 맞게 이루어져야 바람직하기 때문이다.

흔히들 인간을 가리켜 사회적 동물이라고 한다. 이는, 누구도 혼자서는 살아갈 수 없다는 뜻이다. 실제로 우리는 다른 사람들과 더불어 살아간다. 그러나 더불어 사는 삶이 저

---

17) A와 B 중에 누가 더 나쁜 사람일까? A는 사람들에게 인사는 잘하는데 자신이 불리하다고 생각하는 경우에는 거짓말을 하는 사람이다. B는 사람들에게 인사는 잘 하지 않지만, 자신이 불리하다고 생각하는 경우에도 거짓말을 하지 않는 사람이다.

절로 이루어지는 것은 아니다. 더불어 살기 위해서는 예절이나 도덕과 같은 사회적 규범이 요청되고, 우리는 그러한 규범을 지켜야 한다. 그렇지 않을 경우, 사회 질서는 유지되지 않는다. 그로 인한 사회적 혼란은 더불어 살아가는 우리의 삶을 어렵게 한다. 인간의 인간다운 삶은 사회 질서가 유지되는 가운데 다른 사람들과 더불어 복지를 누리며 살아가는 사회생활에서 비로소 이루어질 수 있기 때문이다. 인간의 삶에서 예절과 도덕이 필요한 것은 바로 이와 같은 이유에서다.

미혼녀의 출산과 도덕 판단

**3**

———

# 양심과 도덕

우리 인간에게는 양심이라는 것이 있다. 아마도 이를 부인하는 사람은 없을 것이다. 우리는 누구나 자신의 내부로부터 들려오는 '양심의 소리'를 들어봤을 것이기 때문이다. 만약에 그러한 소리를 들어본 일이 없다면, 그 사람은 순간의 마음에서조차도 그릇되고 악한 생각을 해 본 적이 없는 완전한 사람일 것이다. 아니면, 항상 그릇되고 악한 마음을 가지고 행동할 뿐 아니라 그렇게 한 것에 대해 부끄러워하거나 후회도 전혀 해 본 적이 없는 사람일 것이다.

그러나 우리는 현실적으로 완전한 사람이 있다고 생각하기도 어렵고, 전혀 인간적이지 않은 사람이 있다고 생각하기도 어렵다. 이는, 우리 가운데 대부분은 완전한 사람도 아니고 완전히 비인간적인 사람도 아니므로 흔히 '양심의 소리'를 들으며 살아간다는 뜻이다.

그렇다면, 우리는 어느 때에 양심의 소리를 들을 수 있는 가? 그것은, 우리가 어떤 나쁜 짓이나 그른 행위를 하려고 마음먹을 때다. 그때 우리는 갑자기 어디선가 '안 돼! 그렇게 해서는 안 돼!'라고 말하는 명령의 소리가 들리는 것을 느낀 다. 그러나 그것은 다른 사람이 하는 말이 아니다. 밖으로부 터 들리는 말도 아니다. 나의 내부에서 말하는 보이지 않는 나의 소리다. 즉 나의 양심의 소리다.

그런데 우리는 그러한 양심의 소리를 들을 때 어떠한가? 또는 어떻게 하는가? 물론 사람에 따라 다르다. 비록 아직 행 동한 것은 아니지만, 나쁜 짓이나 그른 행위를 하려고 마음 먹은 것만으로도 부끄러움을 느껴 행하지 않는 사람도 있고, 양심의 소리를 무시한 채 그대로 행하는 사람도 있다. 전자 는 양심적이고 도덕적인 사람이고 후자는 비양심적이고 비 도덕적인 사람이다.

그러나 양심에 따르지 않은 비도덕적인 사람에게도 아직 은 양심적이고 도덕적인 사람이 될 기회가 남아 있다. 만약 에 그 사람이 양심에 따르지 않은 행위를 반성하여 부끄러움 과 가책을 느낀 나머지 자신의 잘못을 깨닫고 뉘우치는 후 회를 한다면, 여전히 그 사람은 양심적이고 도덕적인 사람이다. 그 사람은 다음부터는 양심의 소리를 무시하지 않고 따름으로써 도덕적으로 살아갈 것이기 때문이다.

이상에서 살펴본 바와 같이 양심과 도덕은 불가분의 관계다. 마치 동전의 양면과 같은 관계다. 양심이란 다름 아닌 우리의 마음속에 있는 도덕규범이기 때문이다. 그런데 이러한 도덕규범, 즉 도덕은 어떻게 우리의 마음속에 있게 된 것일까?18)

이에 대해서는 일반적으로 두 가지 설說이 있다. 하나는, 인간은 선천적으로 도덕을 마음속에 가지고 태어난다는 양심설이다. 다른 하나는 후천적으로 삶의 경험을 통해 사회의 도덕을 내면화19)하여 마음속에 가지게 된다는 양심설이다. 그러나 여기서 중요한 것은, 그것이 생득적 현상이든 경험적 산물이든, 어쨌건 우리의 마음속에는 양심이 있다는 사실이다.

이러한 양심은, 우리가 어떤 나쁜 마음을 먹거나 옳지 않은 행위를 하려고 할 때, 바로 그때 '그래서는 안 돼! 부끄럽지도 않니?'라고 우리에게 소리친다. 양심은, 그렇게 하는 것

---

18) 도덕과 도덕규범: 도덕은 도덕규범의 총체를 가리키는 말로 쓰인다.
19) 내면화內面化: 외부의 것을 받아들여 마음속에 깊이 자리 잡게 함.

은 악하고 그른 행위라는 것을 직관20)적으로 알 수 있는 우리의 도덕의식이다. 이러한 직관적 파악이 가능한 것은, 맹자에 의하면 우리의 마음속에 있는 옳고 그름을 가릴 줄 아는 시비지심是非之心과 옳지 못함을 부끄러워하고 착하지 못함을 미워하는 수오지심羞惡之心이 작용해서다.

그러나 도덕적 문제의 해결은 직관적 파악에만 의존할 수 없는 복잡한 것들도 있다. 그러한 문제는 우리에게 도덕적 사고를 요구한다. 그런데 그러한 것은 어느 때 어느 상황에서 요구되는가? 대개 그 문제에 관련된 사람들 간에 갈등이 발생하여 그것을 해결하고자 할 때, 그러나 그 문제에 관련된 도덕규범들 역시 서로 갈등을 일으킬 때, 그러한 상황에서 요구된다. 다음과 같은 예를 들어 생각해 보자.

옛날에 어떤 나그네가 타향을 떠돌다 고향으로 돌아가던 중 노자21)가 다 떨어져 이틀이나 굶었다. 집에까지 가려면 아직도 꼬박 하루는 더 걸어가야 한다. 허기진 배와 지친 몸

---

20) 직관直觀: 판단, 추리 따위의 사고 작용을 거치지 않고 대상을 직접적으로 파악하는 마음의 작용.
21) 노자路資: 여행하는 데에 드는 비용, 즉 여비旅費와 같은 말.

미혼녀의 출산과 도덕 판단

을 이끌고 가던 중 길가의 어느 주막22)에 이르게 되었다. 나그네는 주인에게 사정을 말하며 먹을 것을 좀 달라고 했다. 그러나 거절당했다. 그러면 외상으로 좀 달라고 했다. 그것도 거절당했다. 처음 보는 사람에게 외상을 줄 수 없다는 것이다. 실망한 나그네는 주막을 나서다가 '집에 도착하기도 전에 굶어 죽게 될지도 모르는데 훔쳐서라도 먹을까?' 하는 생각이 들었다.

이러한 문제는 일종의 복잡한 도덕적 문제다. 나그네와 주인 간에 이해관계로 인해 갈등이 발생한 문제이기 때문이다. 또한 나그네의 입장에서는 굶어 죽게 될지도 모르는 상황이라 '인간의 생명은 최고의 가치다.'라는 도덕규범과 '도둑질을 해서는 안 된다.'는 도덕규범과 관련해서도 갈등을 일으키고 있기 때문이다.

이러한 문제는 양심에 의한 직관적 파악에 의존해서 처리하기 어렵다. 양심의 소리에도 귀 기울여야겠지만, 좀 시간을 가지고 도덕적 사고를 함으로써 합리적인 도덕 판단을 하여 해결하는 것이 타당할 것이다.

---

22) 주막酒幕: 옛날에 시골 길가에서 나그네에게 음식도 팔고, 묵어갈 수 있게 하던 집.

흔히 인간을 가리켜 사회적 존재라고 한다. 이는, 인간은 사회에서 다른 사람들과 더불어 사회적 관계를 맺으며 그러한 관계 속에서 살아가는 존재라는 뜻이다. 사회적 관계의 일반적인 모습은 대인 관계다.

앞에서 살펴본 바와 같이 우리의 생활 속에서 이루어지는 대인 관계는 때로 갈등을 일으킬 수 있다. 그러한 갈등은 결국 서로의 욕구의 대립으로 인한 이해관계 때문이다. 우리는 이러한 이해관계가 발생한 문제를 도덕적 문제라고 했다. 도덕적 문제는 해결되어야 한다. 그렇지 않으면, 서로 간에 반목23)과 갈등이 지속되고, 우리는 그러한 상태에서 서로가 평화를 유지하며 원만하게 살아가기 어렵다.

그렇다면 어떻게 도덕적 문제를 해결할 수 있는가? 이를 위해서는 첫째, 생활 속에서 만난 문제 중에 어떤 문제가 나를 포함하여 그 문제에 관련된 사람들 간에 이해관계가 발생한 문제인가를 알 수 있어야 한다. 이러한 앎, 즉 '아! 그 문제는 다른 사람의 이익이 문제가 되는 사태이구나! 그러므로 내가 나의 이익을 고려하고 싶어 하듯이 다른 사람의 이익도 고려해야 하는 문제이구나!'와 같은 앎은, 주로 우리의 도덕

---

23) 반목反目: 서로가 시기하고 미워함.

미혼녀의 출산과 도덕 판단

의식인 양심이 작용하여 이루어진다.

둘째, 그것이 도덕적 문제임을 알았으면, 그 문제에서는 어떻게 하는 것이 다른 사람의 이익도 고려하는 행위가 되는 가를 사고하여 판단해야 한다. 여기서 도덕적 사고는 주로 그 문제에 관련된 규범에는 어떤 것들이 있는가와, 그 문제에 관련된 사람들이 욕구의 대립으로 인해 생긴 정서·감정은 무엇인가에 대해 알아보는 과정으로 이루어진다. 그리고 도덕 판단은 그러한 규범과 정서·감정에 기초하여 어떤 규범에 따르는 것이 다른 사람의 이익도 고려하는 행위가 되는가를 결정하는 과정이다.

셋째, 도덕적 행동을 해야 한다. 도덕적 행동은 도덕적 문제 사태에서 결국 다른 사람들의 이익을 고려하는 행위다. 이는, 내가 그 문제에 관련되어 있을 경우 나의 이익을 내가 원하는 만큼 충분하게 고려하지 못하게 된다는 뜻이다. 그러므로 다른 사람의 이익을 고려하기로 이미 도덕 판단을 한 것이지만, 실천하려는 과정에서 판단대로의 행동을 방해하는 어떤 유혹을 받을 수 있다. 도덕적 행동을 하면 하지 않는 것보다는 손해를 보기 때문이다. 우리는 그러한 유혹을 물리칠 수 있어야 도덕적 행동을 할 수 있다.

이처럼 어떤 문제가 도덕적 문제임을 알고, 어떻게 하는 것이 도덕적 행동인가를 사고하여 판단한 후, 그 판단대로 행동하는 것이 도덕적 문제를 해결하는 것이다. 이는 도덕적 사고와 판단에 의해 그 문제에 관련된 도덕규범 중에 어느 하나를 결정하여 그 규범에 따라 행동하는 것을 뜻한다. 도덕규범에 따르는 것이 곧 다른 사람의 이익도 고려하는 것이 되기 때문이다.

이해관계가 얽힌 도덕적 문제를 해결하는 과정에서 기본적으로 사용되는 도덕규범에는 '거짓말하지 않기', '도둑질하지 않기', '남에게 해롭게 하지 않기' 등이 있다. 남에게 거짓말을 하거나 도둑질을 하는 것은 결국 다른 사람에게 정신적으로나 물질적으로 해롭게 하는 것이 된다. 그러므로 이들 세 가지 도덕규범 중에 가장 기본적인 것은 '남에게 해롭게 하지 않기'라고 말할 수 있다.

이 말을 적극적으로 표현하면 '남에게 이롭게 한다.'는 뜻이다. 그러나 이 말은, 나는 손해를 보면서 남에게 이롭게 하는 것이라기보다는 내가 나에게 이롭게 하고 싶어 하듯이 남에게도 이롭게 해야 한다는 뜻이다. 그래야 남도 나에게 이롭게 할 것이기 때문이다. 즉 나의 이익과 남의 이익을 공정하게 고려해야 한다는 뜻이다.

이러한 공정성에 입각하여 사람들의 이익을 고려하는 것

이 도덕적 문제를 합리적으로 해결할 수 있는 방법이다. 다시 말하면, 이해관계가 얽혀진 도덕적 문제에서는 '공정한 이익 고려'가 현실적으로 도덕 문제를 해결할 수 있는 합리적인 도덕규범이다.

이처럼 도덕적 문제에서 도덕규범에 따라야 하는 것은 대인 관계에서 발생한 갈등을 해소하여 서로가 사이좋게, 더불어 복지를 누리며, 인간답게 살아가기 위해서다. 여기서 우리는, 도덕이 생활 속에서 '삶의 지혜24)'로서의 역할을 한다는 것을 알 수 있다.

---

24) 삶의 지혜智慧: 삶의 이치를 깨달아 삶의 문제를 옳고 선하게 처리하는 능력.

**4**

---

# 동양 사상과 도덕

이 장章에서는 유교, 불교, 도교와 관련된 동양 사상과 도덕에 대해 살펴본다.

## 유교의 인仁 사상과 도덕

　유교는 공자孔子가 체계화한 사상인 유학儒學을 종교적 관점에서 이르는 말이다. 공자의 핵심 사상은 사랑을 본질로 하는 인이다. 공자는 인을 모든 덕목의 기초가 되는 도덕 원리로 보았다. 효·제·충·서孝悌忠恕를 인을 실천하는 기본적인 덕목이자 방법으로 제시하였다.
　공자에 의하면, 효는 인을 이루는 근본이고 인의 실현은 효에서 시작된다. 부모와의 관계에서 시작된 효는 형제와의 관계에서는 우애悌로 나타나고, 사회와의 관계에서는 충과 서로 나타난다. 충은 인간관계에서 속임이나 꾸밈이 없이 온 정성을 다하는 행위이고, 서는 남의 처지와 심경을 나의 것으로 헤아려 남을 배려하는 행위이다. 이러한 행위는 '사욕私慾을 누르고 예의범절에 따르는' 극기복례克己復禮가 이루어질 때 가능하다.

유교는 하늘의 의지가 인간의 본성에 반영되어 있다고 본다. 맹자에 따르면, 인간은 본성적으로 선한 마음인 측은지심, 수오지심, 사양지심25), 시비지심과 같은 마음을 가지고 있다. 그리고 개인의 노력에 의해 이러한 마음들을 보존·확장·발전시킴으로써 인간 본성에 내재한 인(仁, 어짊), 의(義, 의로움), 예(禮, 예의바름), 지(智, 지혜로움)와 같은 덕德을 터득할 수 있다.

유교는 이러한 덕목들을 완전하게 구현한 사람을 군자君子라 한다. 군자는 도덕적으로 완성된 인격자를 일컫는 말로 유교에서 본 이상적 인간상이다. 하지만 군자가 되는 데에는 여러 가지 어려움이 있다. 그중 가장 큰 어려움은 우리의

25) 사양지심辭讓之心: 사양하고 공경하는 마음.

마음에 끼어드는 사욕을 누르는 일이다. 우리는 수신을 하여 사욕을 누르고 선한 본성을 회복하여야 군자, 즉 도덕적 인간이 될 수 있다.[26]

우리는 이러한 유교 윤리를 적용하여 현대의 도덕 문제에 어떻게 접근할 수 있는가? 현대 사회에서 쟁점이 되는 대부분의 사회 윤리 문제는 개인이든 집단이든 서로 간의 이해관계가 대립하여 발생하는 갈등의 문제인 경우가 많다. 이러한 문제는, 그것에 관련된 사람이 극기복례하면서 타인과 타 집단의 처지와 심경을 자신의 것으로 헤아려 그들을 배려하는 인의 도덕으로 접근할 때 잘 풀어나갈 수 있을 것이다.


## 불교의 자비 사상과 도덕

불교는 인간의 삶을 번뇌와 괴로움으로 본다. 이는 인간이

---

26)  유교의 주요한 수신 방법:
   · 거경居敬: 항상 몸과 마음을 삼가서 바르게 가지는 일로, 신독과 주일무적을 핵심으로 함.
   · 신독慎獨: 홀로 있을 때에도 도리에 어그러짐이 없도록 몸가짐을 바로 하고 언행을 삼감.
   · 주일무적主一無適: 마음을 한 곳에 집중하여 흐트러짐이 없게 함.

탐욕, 집착, 성냄, 어리석음[27] 등과 같은 세속적인 것에 얽매여 있기 때문이다. 하지만 인간은 참선參禪 등의 수행과 성찰을 통해 자신과 사물 및 세계의 참모습인 진리를 깨달을 수 있다. 이러한 깨달음은 인간이 번뇌와 괴로움을 극복하고 세속적인 얽매임에서 벗어나는 해탈[28]에 이를 수 있도록 작용한다. 인간은 해탈의 경지에서 참된 나를 찾을 수 있다. 이처럼 '참된 나를 찾는 것'이 불교의 목적이다.

불교는 미혹한 세상에서 생사生死만을 되풀이하는 중생을 건져 내어 그를 생사 없는 열반의 세계에 이르도록 이끄는 수행자를 일컬어 보살菩薩이라고 한다. 보살은 자비심을 가지고 남에게 재물이나 불법을 베푸는 보시布施[29]를 함으로써

---

27) 어리석음癡: 사물에 대한 무지無知로 오해하거나 편견을 가짐.

28) 해탈解脫과 열반涅槃: 인간이 번뇌에서 벗어나 자유로운 경지에 이른 상태를 가리키는 말에는 해탈과 열반이 있다. 양자는그 경지 자체로 볼 때 같은 것의 서로 다른 표현이다. 즉 해탈은 열반의 동적動的 표현이고, 열반은 해탈의 정적靜的 표현이다.

29) 불교 윤리에서 보시는 '내가' '무엇을' '누구에게 베풀었다.'라는 자만심 없이 온전한 자비심으로 베풀어 주는 것을 뜻한다. '내가 남을 위하여 베풀었다.'라는 생각이 있는 보시는 진정한 보시라고 볼 수 없다. 내가 베풀었다는 의식은 집착만을 남기게 되고 궁극적으로 깨달음의 상태에까지 이끌어 가는 보시가 될 수 없는 것이므로, 허공처럼 맑은 마음으로 보시하는 무주상 보시無主相布施를 강조한다. 휴정은 나와 남이 둘이 아닌 한 몸이라고 보는 데서부터 무주상 보시가 이루어져야 하고, 보시를 위해서는 맨손으로 왔다가 맨손으로 가는 것이 우리 인생의 살림살이라는 것을 알아야 한다고 전제하였다. 가난한 이에게는 분수대로 나누어주고, 마음이 빈곤한 이에게는 진리의 말로써 용기와 올바른 길을 제시해 주며, 모든 중생들이 마음의 평안을 누릴 수 있도록 하는 것

자신의 깨달음을 실천하는 사람이다. 불교는 자비심을 도덕의 원리로, 보시를 도덕적 행위로, 보살을 이상적 인간상으로 본다.

우리는 어떻게 보살이 될 수 있는가? 불교는, 인간은 본디 진리를 깨달을 수 있는 불성과 청정심을 가지고 있다고 본다. 그러나 탐욕과 성냄, 어리석음의 삼독三毒이 불성을 가리어 청정심이 망상과 집착으로 오염되어 있다. 진리를 깨닫기 위해서는 삼독을 제거하고 망상과 집착을 버려 청정심을 회복하여야 하는데, 이를 위해서는 바라밀을 실천해야 한다. 바라밀은 번뇌를 해탈하여 열반의 경지에 이르게 하는 수행 방법이다. 이러한 방법에는 보시를 비롯해 지계, 인욕, 정진, 선정, 지혜 등이 있다.30)

우리는 이러한 불교 윤리를 적용하여 현대의 도덕적 문제에 어떻게 접근할 수 있는가? 현대 생활에서 발생하는 도덕

---

이 참된 보시라고 보았다. - 한국학 중앙 연구원, "한국 민족 문화 대백과"

30) 불교의 수행 방법:
지계持戒: 세상의 온갖 고통과 번뇌 등을 참음.
정진精進: 일심一心으로 불도를 닦아 게을리 하지 않음.
선정禪定: 마음을 하나의 대상에 집중하여 전혀 동요가 없는 상태.
지혜智慧: 모든 사물에 환하여 잃고 얻음과 옳고 그름을 가려내는 마음의 작용으로서, 미혹을 소멸하고 도를 성취함.

적 문제는 인간관계 내지는 집단 간의 갈등에서 빚어지는 경우가 대부분이다. 이러한 도덕적 문제는 그것에 관련된 사람들이 자신의 탐욕, 집착, 성냄, 어리석음 등을 수신을 통해 극복하고, 성찰을 통해 문제의 참모습을 깨닫고, 보살처럼 자비심을 가지고 서로에게 보시할 때 해결의 실마리를 찾을 수 있을 것이다.

한편 불교는 인간뿐 아니라 다른 모든 생명체들도 불성을 지니고 있다고 본다. 이는 어느 생명체이든 소중하게 여겨야 한다는 뜻이다. 이러한 불교의 생명 존중 사상은 과학 기술 문명이 발달하면서 무분별한 자연 개발로 현대 사회가 겪고 있는 지구촌의 여러 가지 환경 및 생태학적 윤리 문제를 해결하는 데 있어서 지혜를 제공해 줄 수 있다.


## 도교의 무위자연 사상과 도덕


도교道教는 도가道家 사상에서 출발하였다. 양자는 일반적으로 구별 없이 사용되지만, 도가는 주로 노장老莊[31])의 사상

---

31) 노장: 노자(老子, 기원전 579?~기원전 499?)와 장자(莊子, 기원전 365~기원전 270?)를

미혼녀의 출산과 도덕 판단

을 가리키는 데 비해 도교는 이 사상에 민간 신앙적 요소가 가미된 종교적 색채를 띤다는 점에서 차이가 있다.

도교는 도道를 우주 만물의 근원이자 변화의 법칙으로 보았다. 이러한 도가 천지 만물에 두루 퍼져 있다고 보았다. 하늘을 자연의 법칙으로, 인간을 자연의 일부로 보았다. 다시 말하면, 도란 자연의 본성이자 자연의 질서로 자연 자체라는 것이다. 이러한 도가 바로 무위자연32)의 도이다.

도교는 만물과 마찬가지로 인간은 본성적으로 자연의 도를 가지고 있다고 본다. 자연의 도는 자유자재하고 본래 있는 그대로의 상태, 즉 '스스로 그러함'이다. 하지만 인간은 생활 속에서 감각적 인식과 편견에 사로잡혀 자연의 도를 망각한 나머지, 우월성·명예·공명을 추구하는 등 인위적인 삶을 추구한다. 도교는 인간과 자연이 하나가 됨으로써 인위적인 삶에서 벗어나 본래의 자기 모습대로 살아가는 모습을 무위자연의 삶이라 한다. 이러한 무위자연의 삶을 인간의 이상적 삶이자 도덕적 삶이라 한다.

아울러 이르는 말.

32) 무위자연無爲自然: 노장 사상에서, 자연에 따라 행하고 인위를 가하지 않는 것. 인간의 지식이나 욕심이 오히려 세상을 혼란시킨다고 여기고 자연 그대로를 최고의 경지로 본다.

도교에서 말하는 무위자연의 삶을 영위하기 위해서는 자신의 마음속에서 작용하는 인위적인 것을 버리고 상선약수33)의 도에 따라 살아야 한다. 그러할 때 우리는 자기중심적 사고와 가식 및 위선에서 벗어나 본래의 자기 모습대로 살아갈 수 있다. 이러한 무위자연의 삶은 자신을 본성 밖의 것에 이끌려 속박당하게 하지 않는다. 도교는 우리가 좌망, 심재 혹은 허심과 같은 수양을 통해 자신의 마음을 비움으로써 자연의 도에 따르는 무위자연의 삶을 이룰 수 있다고 주장한다.34) 이러한 무위자연의 삶은 신선사상神仙思想과 결합하면서 양생35)과 더불어 불로장생不老長生을 추구하는 선인36)을 이상적 인간상으로 본다. 도교는 이러한 선인의 삶을 도덕적 삶이자 삶의 목표로 삼는다.

우리는 이러한 도교 윤리를 적용하여 현대의 윤리 문제에 어떻게 접근할 수 있는가? 도교 윤리는 인간의 자연과의 합

---

33) 상선약수上善若水: 최고의 선은 물과 같다는 뜻으로, 노자의 사상에서, 물을 이 세상에서 으뜸가는 선의 표본으로 여기어 이르던 말.

34) 도교의 수양 방법: 좌망坐忘 - 조용히 앉아서 일체의 차별이나 편견 등 잡념을 버리고 무아의 경지에 들어감. 심재心齋 - 마음을 비워서 고요하고 정결하게 유지함. 허심虛心 - 마음을 정화淨化하여 본래의 마음을 되찾음.

35) 양생養生: 병에 걸리지 아니하도록 건강 관리를 잘하여 오래 살기를 꾀함.

36) 선인仙人: 신선神仙을 가리키는 말이다. 도교의 이상적 인간상으로 지인至人, 신인神人, 천인天人, 성인聖人 등의 용어가 사용되는데, 선인이 대표적인 명칭이다.

　　　　　　　　　　　　　미혼녀의 출산과 도덕 판단

일 사상 내지는 평등사상에 기초한다. 현대 생활에서 우리가 직면하고 있는 대부분의 생태학적 내지 환경 윤리 문제는 인간의 자연과의 인위적 관계에서 빚어진 경우가 대부분이다. 이러한 윤리 문제는 자연의 순리에 따르는 무위자연의 윤리로 접근할 때 잘 풀어나갈 수 있을 것이다.

**5**

———

# 서양 사상과 도덕

이 장에서는 공리주의, 칸트의 의무론, 덕 윤리, 도덕 과학과
관련된 서양 사상과 도덕에 대해 살펴본다.


## 공리주의 사상과 도덕

공리주의는 유용성(有用性, utility)의 원리에 기초한 도덕 사
상이다. 공리주의는 어떤 '행위'나 '행위의 규칙'이 더 좋은 결
과를 성취하는 데 유용하다면, 그것이 도덕적으로 옳다고 본
다. 여기서 '좋은 결과'는 쾌락이나 행복을 가져다주는 것을
의미한다. 공리주의는 이러한 쾌락이나 행복을 인생에서의
유일한 본래적 가치로, 궁극적 목적으로 본다.

벤담[37]은, 쾌락은 인생에 있어서 최고의 선이자 행복이고 개인의 행복은 사회의 행복과 연결되므로 개인과 사회 모두의 행복을 위해 보다 많은 사람의 행복을 추구하는 것이 도덕적이라고 생각하였다. 그리하여 그는, "모든 사람은 개인의 이익과 사회의 이익이 조화될 수 있도록 '최대 다수의 최대 행복'을 가져다주는 유용한 행동을 하여야 한다."라고 주장하면서 이를 도덕과 입법의 원리로 제시하였다. 또한 모든 쾌락은 질적인 차이는 없고 양적인 차이만 있다고 믿었다.

밀[38] 또한 벤담처럼 쾌락을 최고의 선이자 행복으로 보고 최대 다수의 최대 행복을 가져다주는 유용한 행위를 하는 것이 도덕적이라고 하였다. 하지만 그는 쾌락의 양뿐만 아니라 질적인 차이도 고려해야 한다고 주장하였다. 예컨대, 정신적 쾌락은 감각적 쾌락보다 본래 더 바람직하므로 비록 양이 적다 하더라도 질이 더 높으면 더 큰 본래적 가치를 가진다는 것이다.

한편 현대의 공리주의자들은 유용성의 원리를 '개별적 행위'에 직접 적용하는가, '행위의 규칙'에 제한적으로 적용하는

---

37) 벤담(Bentham, J., 1748~1832): 영국의 철학자로 공리주의의 주창자.
38) 밀(Mill, J. S., 1806~1873): 공리주의 사상 체계를 완성한 영국의 철학자.

미혼녀의 출산과 도덕 판단

가에 따라 전자를 행위 공리주의, 후자를 규칙 공리주의라 한다. 행위 공리주의는 어떤 행위가 직접적으로 산출한 결과가, 다른 행위가 산출한 결과보다 더 좋은가 더 나쁜가에 따라 그 행위에 대한 도덕 판단을 한다. 규칙 공리주의는 어떤 행위의 규칙을 따른 결과로써 발생한 행위가 선인가, 악인가에 따라 그 행위에 대한 도덕 판단을 한다. 즉 도덕 판단은 그 행위가 타당한 도덕 규칙에 부합하는가 여부에 달려 있다.

공리주의는 사회 구성원 전체의 이익을 전제하는 총량 이론을 따른다. 이러한 공리주의는 구성원 다수의 효용이 증가할 수 있다고 판단될 때 다수결 원칙에 따라 입안·실행되는 정책의 정당화 논리로 작용한다. 하지만 다수결 원칙은 인간으로서의 동등한 배려와 존중을 침해할 수 있다. 공리주의는 최대 다수의 최대 행복을 가져올 수 있다면, 평등주의를 거부하고 소수의 희생을 불가피한 것으로 받아들이기 때문이다. 따라서 공리주의는 한 사람의 생명을 희생하여 다수의 생명을 구할 수 있다면, 그러한 것마저도 선한 행위라고 본다. 이처럼 민주주의 사회의 의사 결정 원리로 작용하는 다수결 원칙은 공리주의적 사고에 기인한다.

현대 사회에서 쟁점이 되는 윤리 문제는 사회·국가의 정책 등과 관련해서 집단이나 구성원들 간의 이해관계가 얽혀서 생기는 문제가 대부분이다. 이러한 문제는 그것에 관련된 집단이나 구성원들 모두에게 이익을 가져다주는 만족스러운 해결책을 찾기가 쉽지 않다. 하지만 최대 다수의 최대 행복의 원리를 적용하여 전체 이익의 극대화를 꾀하면서 별도로 소수 피해자들에게 일정한 보상을 하는 등의 접근을 하면 해결의 실마리가 보일 것이다.

## 칸트[39] 사상과 도덕

칸트의 도덕 사상은 의무론적이다. 의무론은 도덕의 근본 원리를 행복과 같은 목적에 두지 않고 의무에 두는 도덕 이론이다. 의무론에 의하면, 도덕 판단은 행위의 결과가 아닌 도덕의 표준에 따라 내려야 한다. 도덕적이란 도덕의 표준을 의무적으로 따르는 행위이다.

의무론 윤리를 대표하는 칸트는 보편적인 도덕 법칙을 도

---

39) 칸트(Kant, I., 1724~1804): 독일의 철학자. 경험주의와 합리주의를 통합하는 입장에서 인식의 성립 조건과 한계를 성립하고, 형이상학적 현실을 비판하여 비판 철학을 확립하였다.

미혼녀의 출산과 도덕 판단

덕의 표준으로 본다. 그는 도덕 법칙을 "네 의지의 준칙40)이 언제나 동시에 보편적 법칙이 될 수 있도록 행위하라."라는 정언 명령41)의 형식으로 제시하였다. 그는 가언 명령이 아닌 정언 명령만이 도덕 법칙이 될 수 있다고 하였다. 이는, 어떤 규칙이 도덕 규칙이 되기 위해서는 일관성 있게 보편화가 가능해야 한다는 것이다. 보편화가 가능한 도덕 규칙은 한 사람에게 옳은 일은 모든 사람에게도 옳으며, 한 사람에게 그른 일은 모든 사람에게도 그른 것으로 작용한다. 정언 명령은 이성적·자율적 존재인 인간이 어떤 행위가 도덕적 의무인가를 결정하는 궁극적 도덕 원리이다.

또 다른 칸트의 도덕 법칙은 "너 자신과 다른 모든 사람의 인격을 결코 단순히 수단으로 대하지 말고 언제나 동시에 목적으로 대하라."라는 실천 명령의 형식으로 제시되었다. 이는, 어떤 규칙이 도덕 규칙이 되기 위해서는 사람들이 그 규

---

40) 준칙準則과 법칙法則: 준칙은 격률格率이라고도 하는데, 이는 개인적 차원에서 채택된 행위 규칙인데 반해, 법칙은 모든 이성적 존재자에게 보편적으로 적용될 수 있는 행위 규칙이다.

41) 정언定言 명령과 가언假言 명령: 정언 명령은 "거짓말을 하지 말라."와 같이 그 자체가 바람직하여 내리는 무조건적인 명령인 데 비해, 가언 명령은 "네가 신임을 받고 싶으면, 거짓말을 하지 말라."와 같이 어떤 행동이 다른 것의 수단으로서만 바람직하여 내리는 조건적인 명령이다.

칙을 따른다면 서로를 수단으로서가 아니라 목적 자체로서 대하게 될 법칙이어야 한다는 것이다. 이 법칙에는 인간의 존엄성에 근거한 인간 존중 사상과 인간 평등사상이 담겨 있다.

이처럼 칸트 윤리는 보편화가 가능하고 인간성에 기초한 도덕 법칙을 행위자가 선의지[42]를 가지고 의무적·자율적으로 따르는 것을 도덕적 행위로 본다.

예를 들어, 어떤 사람이 "왜 내가 돈을 벌기 위해 힘들여 일을 해야 하는가? 다른 사람들이 벌어 놓은 것을 훔치면 되지 않는가?"라는 문제에 직면해 있다고 하자. 칸트에 따르면, 이 문제에서 행위자의 준칙은 "나는 결코 일을 해서는 안 되고, 내가 필요로 하는 것을 다른 사람들에게서 훔쳐야 한다."가 될 것이다. 한편 이에 대한 보편화 가능성의 시도는 "누구도 결코 일을 해서는 안 되고, 모든 사람은 그가 필요로 하는 것을 서로에게서 훔쳐야 한다."가 될 것이다.

그러나 아무도 일을 하지 않아 누구도 벌어 놓은 것이 없게 되면, 훔칠 수 있는 것도 없게 되고 훔칠 수 있는 사람도 없게 된다. 따라서 "도둑질을 해야 한다."라는 그의 준칙은 보편화 가능한 도덕 법칙이 될 수 없고, 도둑질하는 사람을

---

42)  선의지善意志: 선을 행하고자 하는 순수한 동기에서 나온 의지.

수단으로 삼는 행위가 된다. 그가 도둑질을 하지 말아야 하는 것은, 그것이 모든 사람에게 보편적으로 적용될 수 있는 도덕 법칙이 될 수 없기 때문일 뿐 아니라 자신의 인격을 목적으로 대하는 행동도 될 수 없기 때문이다.

## 덕 사상과 도덕

현대의 덕 윤리는 아리스토텔레스의 덕 윤리를 계승한 것으로 볼 수 있다. 고대의 덕 윤리는 근대 초기에 이르러 공리주의와 의무론이 등장하면서 주목을 받지 못하였다. 그러다가 20세기 중반 이후에 의무와 원리에 따른 '행위' 중심의 윤리에 대한 불만이 생기면서 매킨타이어[43] 등에 의해 성품 내지 인격을 중시하는 '행위자' 중심의 현대의 덕 윤리로 새롭게 부활하였다. 따라서 현대의 덕 윤리는 '나는 어떤 사람이 되어야 하는가?'에 관심을 둔다.

이러한 덕 윤리는 인격자가 지닌 덕이 무엇인가를 확인하

---

[43] 매킨타이어(MacIntyre, A. C., 1929~): 스코틀랜드 출신 철학자로, 현대 덕 윤리에 관한 관심을 고조시킨 주요 인물이다. 그는 After Virtue(1984)에서 도덕성의 중심 문제를 좋은 삶을 사는 방법에 관한 습관 내지 지식과 관련해서 다루었다.

려 한다.44) 한 사람이 지닌 덕은 그의 행위에 반영되어 도덕적인 사람이 되게 작용한다고 보기 때문이다. 덕 윤리에서는 무엇보다도 인간의 자연적 감정인 우정이나 사랑, 충성과 같은 덕목을 중시한다. 이러한 덕목들은 흔히 '나는 어떻게 살아야 하는가?'와 관련된 인간관계에서 요구된다. 인간관계 맥락에 주목하는 덕 윤리는 가족과 친구 등이 더불어 사는 도덕 공동체를 지향한다.

예를 들어, 나의 친구가 곤경에 처해 있다고 하자. 이러한 상황에서 나는 어떻게 하여야 하는가? 덕 윤리에 따르면, 나는 그 친구와의 인간관계적 맥락과 나의 자연적 감정을 우선적으로 고려해야 한다. 내가 그 친구를 도와주는 것이 '보편타당한 법칙이고 도덕적 의무인가?' 또는 그를 도와주면 '결과가 좋을 것인가?'에 대한 추론을 하기보다는 '그는 내 친구니까 도와주어야 한다.'와 같은 자연적 감정인 우정에 따라 행위 하여야 한다.

이처럼 덕 윤리는 곤경에 처한 친구를 도와주어야 하는 도덕성을 이성적인 의무감이나 도덕 원리에 근거한 추론 및 정

---

44) 현대의 덕 윤리학자들이 무엇이 덕이고 어떤 덕이 칭찬할 만한 것인가에 대해 합의하고 있는 상태는 아니다. 그럼에도 불구하고 그들은 도덕성이 인격에 내재한 덕의 결과로써 보는 데에는 동의한다.

미혼녀의 출산과 도덕 판단

당화에서가 아니라 자연스럽게 마음에서 우러나 도덕적 동기로 작용하는 두터운 우정에서 찾는다.


### 도덕 과학 사상과 도덕


도덕 과학은 신경 과학에 기초한다. 신경 과학은 뇌를 포함한 모든 신경계를 연구하는 학문이다. 한편 신경 윤리학은 마음이나 뇌와 관련해서 신경 과학이 제기하는 윤리 문제를 탐구하는 학문이다. 신경 윤리학은 도덕적 판단이나 결정의 동기는 이성이기보다는 감정의 영역일 수 있다고 주장한다. 감정이 도덕적 결정이나 행동에 필수적 요소가 된다고 본다. 45)

신경 윤리학자들에 의하면, 우리가 윤리 문제에서 윤리학적 숙고를 하여 도덕적 결정을 할 경우에는 이성이 우세하게 작용한다. 이에 비해 생활 속에서 만난 윤리 문제에서는 이성과 감정이 갈등하는 가운데 우세한 어느 한쪽의 영향을 받

---

45) 미국의 신경 과학자인 가자니가(Gazzaniga, M., 1939~)는 신경 윤리학을 맥락 의존적이고 감정에 영향을 주며 생존을 돕도록 고안된 보편 윤리를 탐구하는 학문으로 본다.

아 도덕적 결정을 내린다. 그런데 감정이 우세할 경우에는, 감정 자체가 도덕적 판단과 행위의 과정 전체에 영향을 미치기보다는 판단 자체는 이성적으로 하더라도 행동은 감정이 개입한 결정에 따른다는 것이다.46) 이는, 도덕적 결정이나 행위는 이성만이 아닌 감정에도 의존한다는 주장의 한 근거가 된다.

이처럼 신경 윤리학에서는 도덕적 결정이 이성적 판단과 감정적 반응 중 어느 한 요소 만에 의해서 내려지는 것이 아니라 두 요소의 복합적인 협동 작업에 의해 내려지는 것으로 본다. 이런 협동 작업은 도덕적 결정이 일괄적인 도덕적 직관에 의존하는 것이 아니라 맥락에 따라 감정과 이성, 그리고 무의식적인 요소 등이 개입하는 보다 통합적이고 다차원적인 작용임을 말해 준다. 신경 윤리학에서는 이성적 판단과 감성적 판단이 조화를 이룬 결정을 가장 도덕적인 것으로 본다.

현대 사회에서 발생하는 윤리 문제는 딜레마적 특징을 가지는 경우가 대부분이다. 딜레마 상황은 행위자가 타인에게

---

46) 미국의 사회 심리학자인 하이트(Heidt, J., 1963~)는, 도덕 판단은 대개의 경우 의식적인 추론에 보다는 자동적인 도덕적 직관에 기초한다고 주장한다. 그는 도덕적 추론을 주로 도덕 판단에 기초한 최초의 직관을 지지하기 위한 증거를 찾는 일로 본다.

미혼녀의 출산과 도덕 판단

해를 가하는 상황에 '직접적으로' 개입되어 있는가, '간접적으로' 개입되어 있는가에 따라 행위자의 도덕적 결정이나 행위에 작용하는 감정의 정도가 다르다. 신경 윤리학에서는 전자의 '직접적(개인적)' 딜레마 상황에 처한 행위자는 후자의 '간접적(비개인적)' 딜레마 상황에 처한 행위자보다 도덕적 의사 결정 과정에서 감정이 이성에 비해 우세하게 작용한다고 파악한다. 이는, 행위자가 윤리 문제에서 그것에 관련된 사람들의 정서·감정을 이해하고 이를 고려하면서 이성적으로 접근할 때 더 적절한 해결에 이를 수 있다는 점을 시사한다.

**6**

---

# 사실 판단과
# 가치 판단

인간은 생활 속에서 사물이나 현상을 분별하여 바르게 생각하고 판단할 수 있는 능력을 가진 존재다. 이러한 판단 능력은 인간에게만 있다. 판단은 이성47)이 작용하여 이루어진다. 이성 또한 인간에게만 있다. 우리가 인간을 가리켜 이성적 존재라고 말하는 것은 이러한 까닭에서다.

그러므로 어떤 사람이 사물이나 현상을 분별하여 바르게 판단하며 살아가지 못한다면, 우리는 그 사람을 이성적 존재로 보기 어렵다. 여기서 우리는 인간다운 삶이란 이성적 삶에서 찾아볼 수 있다는 생각을 해 볼 수 있다. 따라서 어떤 사람이 사물이나 현상에 관한 판단을 바르게 하지 못한다면,

---

47) 이성理性: 사물의 이치를 논리적으로 생각하고 판단하는 능력.

그 사람을 인간답다고 말할 수도 없다.

실제로 우리는 사물이나 현상에 대한 판단을 회피하며 살아갈 수 없다. 어떤 사람이 그렇게 살아가려 한다면, 그것은 가능하지도 않거니와 인간으로서의 삶을 포기하려는 것과도 같다. 인간은 본질상 이성적 존재이므로 사물이나 현상에 대한 인식48)과 판단을 회피하며 살아갈 수 없기 때문이다. 그러나 이 말이, 사람은 누구나 생활 속에서 이성적으로 바른 판단을 하며 살아간다는 뜻은 아니다. 사람은 그렇게 살아갈 수 있는 잠재성을 가지고 있다는 뜻이다. 그러므로 우리가 얼마나 바른 판단을 하며 살아갈 수 있는가는 얼마나 그러한 잠재성을 잘 계발할 수 있는가에 달려 있다.

우리가 생활 속에서 하는 판단에는 주로 두 가지 종류가 있다. 하나는 어떤 사물이나 현상에 대한 진위眞僞, 즉 참과 거짓을 확인하여 결정하는 사실 판단이다. 다른 하나는, 어떤 사물이나 현상에 관한 옳고 그름과 좋고 나쁨, 아름다움과 추함을 생각하여 결정하는 가치 판단이다. 사실 판단은 사실을 '있는 그대로 진술49)'하여 내리는 판단이다. 즉 어떤

---

48)  인식: 사물을 분별하여 아는 일.
49)  진술陳述: 자세하게 말함.

미혼녀의 출산과 도덕 판단

사물이나 현상의 내용과 특성을 있는 그대로 객관적으로 열거하거나 기록하여 내리는 판단이다. 예를 들어 '책상 위에 꽃이 있다', '그 꽃은 진달래다', '진달래는 분홍색이다'와 같은 진술은 사실 판단이다. 사실 판단은 객관적 진위의 판단이 쉬운 편이다. 책상 위에 꽃이 있는가와 그 꽃이 진달래이고 분홍색인가를 관찰하여 확인함으로써 실제가 그러하다면, 그러한 사실 판단은 참이다.

이에 비해, 예를 들어 '그 사람은 훌륭한 사람이다', '새치기는 옳지 않은 행동이다', '결혼제도는 좋은 사회적 제도다', '거짓말은 나쁘다', '그 꽃은 아름답다'와 같은 판단은 가치 판단이다. 이러한 가치 판단에서 '그 사람', '새치기', '결혼제도', '거짓말', '그 꽃'은 가치 대상50)이다. '훌륭한', '옳지 않은', '좋은', '나쁜', '아름다운'은 가치 용어다. 여기서 가치 판단이란 가치 대상에 대한 가치를 가치 용어를 적용하여 평가한 것이다.

그런데 가치 판단은 사실 판단에서와 같이 객관적인 진위의 판별이 쉽지 않다. 가치 대상에 대한 평가는 사람에 따라

---

50) 가치 대상: 가치 판단의 과정에서 평가되고 있는 사람, 사건, 물건, 행동 등 사물이나 현상을 가리키는 말.

다를 수 있기 때문이다. 이는, 가치란 가치 대상과의 관계에서 개인의 주관51)이 개입된 일종의 신념이라는 뜻이다. 즉 가치는 가치 대상을 소중하게 여겨 아끼고, 바람직하게 여겨 좋아하고, 옳다고 생각하여 실현하고 싶어 하는 등 우리의 지속적인 신념이다. 사실이 감각적이고 구체적인 데 비해, 가치는 관념적이고 추상적이고 규범적이기도 하다. 이러한 가치는 생활 속에서 이루어지는 선택이나 판단에서 준거52)로 작용한다. 그러므로 가치관53)이 다르면 가치 판단도 다를 수 있다.

예를 들어, 나의 인생에서 내가 교육자로서 살 것인가, 사업가로서 살 것인가는 직업과 관련된 나의 삶의 선택의 문제다. 도덕적 문제에서 내가 나의 이익만 고려할 것인가, 다른 사람의 이익도 고려할 것인가는 도덕적 행위와 관련된 나의 삶의 선택의 문제다. 이러한 문제에서 가치는 선택의 준거로 작용한다. 그러므로 우리는 가치를 삶의 문제를 해결해 주는 원리로 볼 수 있다. 삶을 이끌어 주고 안내해 주는 역할을 하

---

51) 주관主觀: 자기만의 견해나 관점.
52) 준거準據: 선택이나 가치 판단을 할 때 기준이 되는 것.
53) 가치관: 어떤 사람이 '아름다움'보다 '건강'을 더 높거나 더 좋은 가치로 여긴다면, 그러한 관점을 그 사람의 가치관이라 한다.

미혼녀의 출산과 도덕 판단

는 것으로 볼 수 있다. 하지만 우리가 어떤 가치를 가지고 있다고 해서 그것의 실현이 저절로 이루어지는 것은 아니다. 가치의 실현은 생활 속에서 우리가 얼마나 가치 판단을 바르게 하는가와 밀접하게 관련되어 있기 때문이다.

가치 판단은 판단의 대상에 따라 도덕적 가치 판단과 '도덕과 무관한 가치 판단'으로 나눌 수 있다. 흔히 전자를 도덕 판단, 후자를 가치 판단으로 줄여서 말한다.

예를 들어, '그 사람이 한 행위는 옳다', '우리 선생님은 훌륭한 분이다', '민주주의는 좋은 정치 제도다'와 같이 인간의 행위나 인격 또는 사회 제도 등을 대상으로 한 판단은 도덕 판단이다. 이에 비해 '그 자동차는 좋은 차다', '건강은 귀중한 것이다', '그 그림은 우아하다'와 같이 '도덕과 무관한' 것을 대상으로 한 판단은 가치 판단이다.


앞에서 가치는 어떤 대상에 개인의 주관이 개입된 신념이기 때문에 대상에 대한 가치 평가는 사람에 따라 다를 수 있다고 했다. 그러므로 가치관이 다르면 가치 판단도 다를 수 있다고 했다. 이는, 가치관이 다르면 가치 판단의 과정에서 판단의 준거로 작용하는 가치 원리54)가 다르게 수립될 수 있기 때문이다.

예를 들어, 어느 지역에 '지구고등학교'라는 학교가 있다고 하자. 이 고등학교에는 대학 입시교육 프로그램은 있는데 인성 교육 프로그램은 없다. 학생들 중에는 갑甲과 을乙이 있다. 그런데 갑은 인성 교육 프로그램은 없어도 입시교육 프로그램이 있는 고등학교가 좋다고 하고, 을은 입시교육 프로그램은 없어도 인성 교육 프로그램이 있는 고등학교가 좋다고 한다. 이러한 상황에서 이른바 삼단 논법55) 식 추론에 따라 판단한다면, 갑은 지구고등학교에 대해 다음과 같은 가치 판단을 내릴 것이다.

- 입시교육 프로그램이 있는 고등학교는 좋다(가치 원리).
- 지구고등학교는 입시교육 프로그램이 있다(사실 판단).
- 그러므로 지구고등학교는 좋다(가치 판단).

---

54) 가치 원리: 가치 판단의 과정에서 판단의 준거로 작용하는 가치관을 가리켜 가치 원리라 한다.
55) 다음과 같은 식으로 이루어지는 추리법을 삼단논법三段論法이라 한다.
  - 사람은 모두 죽는다(대전제).
  - 소크라테스는 사람이다(소전제).
  - 따라서 소크라테스는 죽는다(결론).

　　　　　　　　　　　　　미혼녀의 출산과 도덕 판단

한편 을은 다음과 같은 가치 판단을 내릴 것이다.

- 인성 교육 프로그램이 있는 고등학교는 좋다(가치 원리).
- 지구고등학교는 인성 교육 프로그램이 없다(사실 판단).
- 그러므로 지구고등학교는 좋지 않다(가치 판단).

이처럼 두 사람이 같은 고등학교에 대해 다른 가치 판단을 한 것은, 고등학교에 대한 두 사람의 가치관이 달라서 가치 판단의 준거로 작용하는 가치 원리를 다르게 수립했기 때문이다.

그러나 사람에 따라 가치관이 다르고, 따라서 가치 원리가 다르게 수립되어 결과적으로 가치 판단이 다를 수 있다고 해서 갑과 을이 내린 가치 판단이 각각 정당화56)될 수 없다는 것은 아니다. 수립된 가치 원리가 타당57)하고, 사실 판단이 참인 것으로 확인되면, 가치 판단은 정당화될 수 있다.58) 앞의 예에서 갑이 '지구고등학교는 좋다.'는 가치 판

---

56) 정당화正當化: 이치에 합당한 이유를 제시함으로써 어떤 판단이나 행동이 옳다고 증명하는 일.
57) 타당妥當: 이치에 마땅함.
58) 가치 판단의 정당화 조건: 수립한 가치 원리가 타당하고 사실 판단이 참인지 확인해야 한다.

단을 내리게 된 것은 '지구고등학교는 입시교육 프로그램이 있다.'는 사실과, 이러한 사실은 '입시교육 프로그램이 있는 고등학교는 좋다.'는 갑의 가치관이 반영된 가치 원리를 만족시켜 주기 때문이다. 여기서 중요한 것은, 갑이 수립한 가치 원리가 타당한가와 갑이 내린 사실 판단이 참인가를 알아보는 일이다.

사실 판단이 참인가는 판단의 대상인 지구고등학교가 실제로 입시교육 프로그램이 있는가를 확인해 봄으로써 가능하다. 이를 확인하는 가장 좋은 방법은 지구고등학교를 방문하여 실제로 입시교육 프로그램이 있는가를 알아보는 것이다. 그 결과 실제로 지구고등학교가 그러한 프로그램을 가지고 있다면 갑이 내린 사실 판단은 참이다.

한편 가치 원리가 타당한가는 어떤 대상을 판단하기 위한 준거로 왜 다른 원리가 아닌 그 원리이어야 하는가의 이유가 마땅하게 제시되는 한, 타당하다. 앞의 예에서 갑이 '입시교육 프로그램이 있는 고등학교는 학생들의 대학 합격률을 높여 주기 때문에'를 이유로 제시했다고 하자. 이러한 이유에는 갑의 가치관이 반영되어 있다. 그러나 그럼에도 불구하고 어떤 사람은 갑이 수립한 가치 원리에 동의하지 않을 수 있다. 앞의 다른 예에서 내려진 을의 가치 판단이 이 경우에 해당한다. 을은 '인성 교육 프로그램이 있는 고등학교는 학생들의 인격 형성을 효과적으로 지도해 주기 때문에'를 이유로 제시했다고 하자. 이러한 이유에도 을의 가치관이 반영되어 있다.

여기서 우리는 갑과 을이 수립한 각각의 가치 원리가 타당하지 않다는 근거를 찾아보기 어렵다. 각각의 가치 원리에는 각자의 가치관이 반영된 합리적인 이유가 제시되어 있기 때문이다. 이처럼 하나의 가치 대상인 지구고등학교에 대해 갑이 '좋다'는 가치 판단을 내린 데 비해, 을은 '좋지 않다'는 가치 판단을 내린 것은 결국 고등학교에 대한 두 사람의 가치관이 달라서 가치 판단의 과정에서 각자가 가치 원리를 다르게 수립했고, 그것을 준거로 하여 가치 판단을 했기 때문이다.

이상에서 살펴본 바와 같이 가치 판단은, 가치 원리와 사실 판단의 지지를 받아 이루어진다. 여기서 우리는 가치 원리와 사실 판단과 가치 판단의 관계를 다음과 같이 말할 수 있다.

1. 가치 원리는 사실과 가치를 연결해주는 역할을 한다.
2. 사실 판단은 가치 원리와 함께 가치 판단을 지지하는 역할을 한다.

3. 가치 판단은 가치 원리와 사실 판단의 결합에 의해 이루
   어진다.

가치 원리와 사실 판단과 가치 판단의 관계를 이처럼 볼 때, 가치 원리와 사실 판단은 가치 판단을 구성하는 요소가 되는 셈이다.

# 7

---

# 도덕적 사고와
# 도덕 판단

도덕적 사고는 생활 속에서 도덕적 문제가 발생했을 때 그것을 해결하는 과정에서 요구되는 하나의 탐구 활동이다. 이러한 도덕적 사고는 도덕 판단에 앞서 요구된다. 또한 도덕 판단은 도덕적 행동에 앞서 요구된다. 여기서 도덕적 사고와 판단과 행동 간의 이러한 절차상의 관계는, 도덕적 사고가 옳게 이루어져야 그것에 기초한 도덕 판단과 행동도 옳게 이루어질 수 있음을 말해 준다.

도덕적 사고는 무엇을 어떻게 하는 것이 도덕적으로 옳은 행동이 되는가에 대해 사고하는 것이다. 그러므로 무엇보다도 합리적으로 이루어져야 한다. 그리하여 그 행동이 도덕적 행동이 될 수 있는 타당한 이유를 제시할 수 있어야 한다. 그러한 이유는 합리적으로 사고하지 않고서는 제시되기 어럽다.

일반적으로 도덕적 사태에서 제기되는 물음은, '나는 이 사태에서 마땅히 무엇을 해야 하는가?'이다. 그런데 사람들 중에는 이러한 물음에 대한 답을 도덕적 사고를 통해 스스로 찾으려 하지 않고 다른 사람들이 하는 대로 따라 한다든가, 권위자의 말에 따라 행동하는 사람들이 있다. 그러한 사람들이 제시하는 이유는 대개 '다른 사람들이 그렇게 하니까.' 또는 '지도자59)가 그렇게 말씀하셨으니까.'와 같은 것이다. 문제는, 그러한 것이 도덕적으로 타당한 이유가 될 수 있는가이다. 물론 그러한 것이 이유가 될 수 없다는 것은 아니다.

그러나 비록 그러한 것이 결과적으로 타당한 이유가 될 수 있다 하더라도, 행위자 자신이 스스로 사고하여 그것이 타당하다는 것을 인식하고 받아들여 행동하는가, 아닌가는 중요하다. 만약에 행위자가 그러한 사고를 하지도 않고, 단지 사람들이 그렇게 한다거나 권위자가 한 말이라는 이유만으로 행동한다면, 그것은 자신의 행동에 대한 도덕적 이유로 정당화되기 어렵다. 도덕적 행동이 정당화될 수 있는가, 아닌가는 결과에만 의존할 수 없기 때문이다.

---

59) 지도자의 예: 종교적 지도자, 이념적 지도자, 정치적 지도자, 독재자 등.

미혼녀의 출산과 도덕 판단

그렇다면, 어떻게 하는 것이 합리적인 도덕적 사고방식인가? 이 물음에 답하기 위해서는 이해관계가 발생한 도덕적 문제에서 '내가 나의 이익을 고려하고 싶어 하듯이 다른 사람의 이익도 그와 같이 고려하는 것이 도덕적 행위'라는 것을 되새겨 볼 필요가 있다. 이는, 합리적인 도덕적 사고에서 중요한 요소의 하나는 도덕적 문제에 관련된 사람들 간의 이익을 공정하게 고려할 수 있는 마음의 자세를 가져야 한다는 뜻이다.

도덕적 문제는 그 문제에 관련된 사람들 간에 욕구나 이익이 대립하여 서로가 반목하고 시기하는 등 갈등을 일으키고 있는 문제다. 그러므로 그 문제를 해결하는 과정에서 그 문제에 관련된 사람들이 가지고 있는 정서·감정이 무엇인가를 인지[60]할 수 있어야 한다. 즉 그 사람들이 실제로 느끼고 있는 정서·감정이 무엇인가를 알 수 있어야 한다. 그 사람들이 화가 나 있는지, 억울해하고 있는지, 원하는 것이 무엇인지 등을 알아차릴 수 있어야 한다. 그런데 이러한 정서·감정의 인지는 다른 사람의 것만이 아닌, 자기 자신의 것도 인지

---

60) 인지認知: 사물이나 현상을 주의하여 자세히 살펴봄으로써 그것이 무엇인가를 알아채는 일.

할 수 있어야 한다. 때로 우리는 자신이 가지고 있는 정서·감정이 무엇인지 모를 수 있기 때문이다. 이처럼 도덕적 문제를 합리적으로 사고하여 해결하자면 사람들의 정서·감정의 인지 또한 고려해야 하는 중요한 요소의 하나다.

한편, 그 문제에 관련된 도덕규범에는 어떤 것들이 있는가를 알아보는 것도 합리적인 도덕적 사고에서 요구되는 요소다. 도덕적 행동은 결국 도덕적으로 사고하고 판단하여 그 판단에 따라 하는 행동이다. 그리고 도덕 판단은 도덕적 사고를 통해 다른 사람의 이익을 고려할 수 있는 어떤 도덕규범을 선택 또는 결정하는 일이다. 그러므로 도덕적 사고의 과정에서 그 문제에 관련된 도덕규범들이 무엇인가를 알 수 있어야 하는 것 역시 도덕적 문제를 합리적으로 해결하기 위해 고려해야 하는 중요한 요소의 하나다. 만약에 우리가 그러한 도덕규범이 무엇인가를 알지 못한다면, 도덕 판단에 따라 이루어지는 행동의 결과가 정당화될 수 있을지에 관한 예측을 하기 어렵다.

이상에서 살펴본 바와 같이 도덕적 사고는 합리적으로 이루어져야 한다. 그러기 위해서는 도덕적 문제에 관련된 사람들의 이익을 공정하게 고려하는 마음의 자세 가지기, 그들의 정서·감정 인지하기, 그리고 그 문제에 관련된 도덕규범 알

　　　　　　　　　　　　　　미혼녀의 출산과 도덕 판단

아보기를 사고의 과정에서 적절하게 고려하고 활용할 수 있어야 한다. 그렇게 할 때, 도덕적 사고는 보다 합리적으로 이루어질 수 있다.

그러나 도덕적 사고에서 합리적 사고에 못지않게 중요한 것은 우리가 도덕적 문제를 가지게 되었을 때, 사고하기 자체를 회피하지 않는 일이다. 도덕적 사고를 회피하게 되면, 결국 다른 사람들이 하는 대로 또는 권위자의 말씀대로만 따르게 될 경향성이 크다. 이는, 사고하기 자체가 합리적인 도덕적 사고를 하자면 무엇보다도 중요하다는 뜻이다.


도덕 판단은 가치 판단처럼 사람에 따라 달라서는 안 된다. 도덕 판단에는 주관이 개입되어서는 안 되기 때문이다. 그러므로 아주 비슷한 상황에 처한 사람들이 도덕 판단을 내릴 때, 한 사람이 내린 도덕 판단과 다른 사람들이 내린 도덕 판단은 같아야 한다.

그렇지 않을 경우 어떤 사람은 '~을 해야 한다.'는 판단을 내리는데, 다른 어떤 사람은 '~을 하지 말아야 한다.'는 판단을 내릴 수 있다. 그렇게 되면, 누구의 판단에 따라야 하는가에 대한 논란이 생길 수 있다. 다른 사람은 그것을 하지 않는데 왜 나만 해야 하는가와 같은 마음이 생길 수도 있다. 그러므로 도덕 판단은 보편화 가능한 판단[61]이 이루어져야 한다. 그러할 때 그 도덕 판단은 정당화도 될 수 있다. 다음과 같은 도덕 판단의 예를 살펴보자.

- 사람을 따돌리는 것은 옳지 않은 행위다(도덕 원리).
- 짝꿍과 놀지 않는 것은 사람을 따돌리는 행위다(사실 판단).
- 그러므로 짝꿍과 놀지 않는 것은 옳지 않은 행위다(도덕 판단).

이 예에서 '짝꿍과 놀지 않는 것은 옳지 않은 행위다.'라는 도덕 판단이 정당화될 수 있으려면, 이 판단을 지지하는 이유로서 제시된 '사람을 따돌리는 것은 옳지 않은 행위다.'라는 도덕 원리[62]가 상호 주관[63]적으로 타당해야 한다.[64] 즉 이 도덕 원리가 그 상황에서 이 판단을 내린 사람에게 있어

---

61) 보편화 가능한 도덕 판단: 어떤 상황에서 한 사람이 내린 도덕 판단이 그와 비슷한 다른 상황에서 다른 사람들이 내린 도덕 판단과 같을 때, 그 사람이 내린 도덕 판단은 보편화 가능한 도덕 판단이다.
62) 도덕 원리: 도덕 판단의 과정에서 판단의 준거로 사용되는 도덕규범을 가리키는 말이다.
63) 상호 주관: 나뿐만 아니라 다른 사람도 가지고 있는 공통된 관점이나 견해.
64) 도덕 원리에 대한 상호 주관적 타당성은 보편화 가능한 도덕 판단의 전제 조건이 된다.

미혼녀의 출산과 도덕 판단

서 타당한 이유가 되어야 할 뿐 아니라, 그와 비슷한 상황에서 이 판단을 받아들이는 다른 모든 사람에게 있어서도 타당한 이유가 되어야 한다. 그런데 도덕적 관점에서 볼 때, 사람을 따돌리는 것을 옳은 행위라고 생각하는 사람이 있을까?

만약에 그러한 사람이 있다면, 그 사람은 다른 사람이 자기를 따돌리는 행위를 할 때도, 그것을 옳다고 생각해야 한다. 그리고 그것을 받아들여야 한다. 그러나 누구도 다른 사람이 자기를 따돌리는 것을 옳다고 생각하여 받아들이고 싶은 사람은 없을 것이다. 그렇다면, 이 판단에서 준거로 사용된 '사람을 따돌리는 것은 옳지 않은 행위다.'라는 도덕 원리는 상호 주관적으로 타당한 이유가 될 수 있다. 따라서 이 판단은 보편화 가능할 뿐 아니라 정당화도 될 수 있는 도덕 판단이다.

이처럼 도덕 판단이나 행위를 정당화할 수 있는 상호 주관적인 이유를 찾는 도덕적 사고가 도덕적 추론이다. 그런데 이러한 도덕적 추론은 이미 이루어진 도덕 판단이나 행위를 정당화하는 데서만 요구되는 것이 아니다. 도덕적 추론은 도덕 판단에 앞서 이루어지는 도덕적 사고의 과정에서도 요구된다. 도덕적 사고는 앞으로 하고자 하는 도덕적 행위를 정당화할 수 있는 타당한 이유를 찾아 도덕 판단을 내리기 위한 준비 과정이기 때문이다.

우리는 도덕 판단이나 행위를 정당화할 수 있는 도덕 원리가 상호 주관적으로 타당한지에 대해 어떻게 알 수 있는가? 아마도 직접적으로 알 수 있는 방법은 없을 것이다. 우리가 그것을 알 수 있는 최선의 방법은 이른바 역지사지65)일 것이다. 그렇게 하려면, 누구든 자신이 다른 사람이 되어 보아야 한다. 그런데 어떻게 그것이 가능한가? 물론 그것은 불가능하다. 하지만 우리는 누구든 자신의 상상66) 속에서 다른 사람의 입장을 취해 볼 수 있다.

우리는 상상을 통해 역지사지할 때, 어떤 문제가 도덕적 문제인지도 민감하게 인식할 수 있다. 욕구의 대립으로 인해 서로 간에 이해관계가 발생한 갈등의 문제를 도덕적 문제라고 할 때, 그 문제에 관련된 사람들은 각자 나름대로 자기 감정이나 입장을 가지고 있다. 그러므로 우리가 어떻게 하는 것이 옳고 선한 행위인가의 도덕 판단을 할 때, 도덕적 상상67)을 통해 다른 사람의 입장에서 생각해 보는 것은 무엇보다도 필요하고 중요하다. 우리는 도덕적 상상의 과정에서 갈등

---

65) 역지사지易地思之: 자신의 처지와 다른 사람의 처지를 바꾸어서 생각해 봄.

66) 상상想像: 실제로 경험하지 않은 것에 대해 마음속으로 그려 봄.

67) 도덕적 상상: 정서·감정적 측면을 고려하여 도덕적 사고를 하는 과정.

미혼녀의 출산과 도덕 판단

을 겪고 있는 다른 사람이나 곤경에 처해 있는 다른 사람의 마음에 공감하여 그들을 배려하는 도덕 판단을 할 수 있기 때문이다.

앞에서 예로든 '짝꿍과 놀지 않는 행위'를 대상으로 도덕 판단을 할 때, 우리가 할 수 있는 도덕적 상상은 다음과 같은 것일 수 있다.

- 내가 다른 아이들과는 놀면서 짝꿍과는 놀지 않을 때, 짝꿍은 나에 대해 어떻게 생각할까? 짝꿍의 마음은 어떠할까? 내가 짝꿍을 따돌리는 것은 옳은 일인가?
- 이 경우, 만약에 나와 짝꿍의 입장이 바뀌어서, 짝꿍이 다른 아이들과는 놀면서 나하고는 놀지 않는다면, 나는 짝꿍에 대해 어떻게 생각할까? 나의 마음은 어떠할까? 짝꿍이 나를 따돌리는 것은 옳은 일인가?

이와 같은 도덕적 상상을 해 보면, 누구도 자기가 다른 사람들로부터 따돌림당하는 것을 옳다고 생각하는 사람은 없을 것이다. 이처럼 도덕적 사고의 과정에서 이루어지는 도덕적 상상은 '사람을 따돌리는 것은 옳지 않은 행위다.'라는 이유가 타당하다는 것을 상호 주관적으로 확보할 수 있는 하나의 방법이 될 수 있다.

　도덕 판단은, 그것이 정당화될 수 있으려면, 사실 판단이
참이어야 할 뿐 아니라 도덕 원리도 상호 주관적으로 타당해
야 한다. 우리는 도덕적 추론과 함께 도덕적 상상에 의해서
도 도덕 원리가 상호 주관적으로 타당한 이유가 되는가를 알
아볼 수 있다. 이처럼 우리는 도덕적 추론과 상상을 통해 정
당화 가능한 도덕 판단을 할 수 있다.

미혼녀의 출산과 도덕 판단

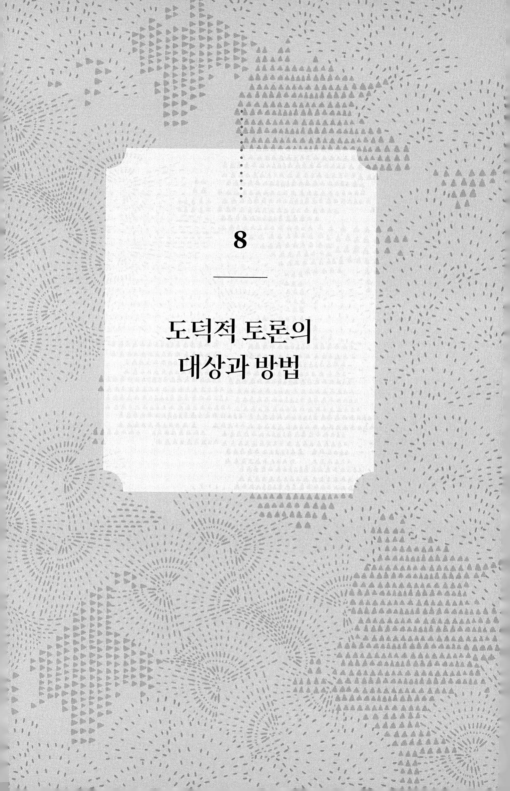

**8**

———

# 도덕적 토론의
# 대상과 방법

도덕적 토론은 어떤 도덕적 문제에 관련되거나 관심을 가진 사람들이 그 문제에 대해 서로 의견을 제시하여 그것을 해결하고자 논의하는 일종의 탐구 활동이다. 우리는 도덕적 문제를 사람들 간에 욕구가 대립하여 갈등이 발생한 문제라고 했다. 이는, 문제에 관련된 사람은 적어도 두 사람 이상이라는 뜻이다. 그런데 문제에 관련된 사람이라고 해서 모두가 다 그 문제를 도덕적 문제로 인식하고 있는 것은 아니다. 생활 속에서 발생한 어떤 문제가 도덕적 문제인데도 불구하고, 삶을 주의 깊게 살피지 않아 인식하지 못할 때도 있고, 또는 도덕의식이 낮아 인식하지 못할 수도 있다.

그러나 일단 어떤 문제를 도덕적 문제로 인식하게 되면, 그것을 해결하여 도덕적 행동을 하라는 양심의 소리를 듣게 된다. 이때 그것을 인식한 사람은 개인적으로 문제의 해결을 시도할 수 있다. 그러나 그 문제에 관련된 사람들 모두가 그것을 인식했다면, 그것의 해결을 공동으로 시도하는 것이 바람직하다. 이 경우, 그 문제가 공동체[68]나 구성원 전체와도 관련될 수 있는 문제라면, 그러므로 직접적으로 그 문제에 관련되지 않은 사람들에게도 관심의 대상이 될 수 있는 문제라면, 그것의 해결을 공동으로 시도할 필요성과 중요성은 더 커진다.

도덕적 문제를 공동으로 해결하고자 할 때, 아마도 가장 바람직한 방법은 도덕적 토론일 것이다. 도덕적 토론은 현재 발생한 도덕적 문제 사태에서 '어떻게 하는 것이 도덕적인가?'의 물음에 대한 공동의 답을 산출하는 것을 목적으로 하는 탐구 활동이기 때문이다.

우리는 가치나 가치 판단에는 주관이 개입될 수 있다고 했다. 그러나 도덕이나 도덕 판단에는 주관이기보다는 상호 주관이 개입되어야 한다고 했다. 그렇지 않으면, 하나의 도덕 판단에 대해 누구는 옳다고 생각하여 수용하는데, 누구는 옳다고 생각하지 않아 수용하지 않을 수 있기 때문이다. 그렇

---

68) 공동체: 생활이나 행동 또는 목적 따위를 같이하는 집단.

미혼녀의 출산과 도덕 판단

게 되면, 도덕적 문제에 관련된 사람들 간에 갈등은 지속될 수밖에 없다.

그러므로 도덕 판단은 상호 주관성에 근거한 것이어야 한다. 이러한 상호 주관성은 개인적으로 도덕 판단을 할 때보다는 도덕적 토론을 통해 논의할 때 더 효율적으로 확보될 수 있다. 그러할 때 그 판단은 보편화 가능한 것이 될 수 있고, 그 문제에 관련된 사람들은 그것을 타당하게 여겨 수용할 수 있다. 이는 보편화 가능하지 않은 도덕 판단은 도덕적인 것으로 받아들이기 어렵다는 뜻이다.

이제 도덕적 문제를 해결하는 과정에서 토론해야 할 대상에는 어떤 것들이 있는가에 대해 살펴보자. 첫째로 토론의 대상이 되는 것은 '그 문제는 도덕적 문제인가?'에 대한 인식의 문제다. 이에 대해 토론하기 위해서는 인식의 준거가 있어야 한다. 인식의 준거는 '그 문제는 사람들 간에 이해관계가 발생한 문제인가, 아닌가?'이다. 도덕적 문제는 대인 관계에서 이해관계가 발생하여 서로 간에 갈등을 일으키고 있는 문제이기 때문이다. 이러한 인식의 준거가 수립되어 있지 않으면, 하나의 문제에 대해 어떤 사람은 그것을 도덕적 문제로 인식하는데, 다른 어떤 사람은 그것을 도덕적 문제로 인식하지 않을 수 있다.

둘째, 도덕적 사고의 과정에서 요구되는 사실과 관련된 토론이다. 즉 그 문제와 관련된 도덕규범은 무엇이고, 그 문제에 관련된 사람들의 정서·감정은 무엇인가에 대한 토론이 있어야 한다. 이에 관한 토론은 사실 판단에 필요한 사실을 확보하기 위해 필요하기 때문이다. 도덕 판단은 사실에 근거한 사실 판단의 지지를 받아야 정당화될 수 있다.

셋째, 어떻게 하는 것이 그 문제에 관련된 사람들의 이익을 고려하는 행위가 될 수 있는가에 관한 토론이다. 이해관계가 얽힌 도덕적 문제에서는 그 문제에 관련된 사람들의 이익을 공정하게 고려하는 것이 도덕적 행동이기 때문이다.

넷째, 도덕 판단의 준거로 작용하는 도덕 원리는 무엇이어야 하며, 그것이 상호 주관적으로 타당한가에 대한 토론이다. 상호 주관성이 확보된 도덕 원리를 준거로 하여 도덕 판단을 해야 보편화 가능한 도덕 판단이 이루어질 수 있을 뿐 아니라 정당화도 될 수 있기 때문이다.

다섯째, 어떻게 해야 판단대로 행동할 수 있는가에 대한 토론이다. 도덕적 판단과 행동 간에는 괴리가 있을 수 있기 때문이다.

도덕은 개인만의 문제가 아닌 우리 모두의 문제다. 그러므로 토론을 통해 공동으로 도덕적 문제를 해결한다는 것은

미혼녀의 출산과 도덕 판단

그 자체만으로도 도덕적 의미와 중요성을 가진다. 더욱이 도덕적 토론은 도덕적 문제에 대한 인식 능력과 도덕적 사고력 내지는 판단력 그리고 도덕적 실천력을 길러 줄 방법이 되기도 한다. 우리가 도덕을 공부하는 것은 이러한 능력을 길러 도덕적으로 살아갈 수 있는 준비를 하기 위해서다. 이처럼 도덕적 토론은 도덕 공부의 방법으로서도 중요하다.

도덕적 토론을 통해 이끌어 낸 도덕 판단이나 문제 해결의 방안은 그 문제에 관련된 사람들에 의해 실제로 수용될 수 있어야 한다. 그러기 위해서는 한 사람이나 소수의 사람이 주장하는 견해는 곤란하다. 이러한 견해는 다수에 의해 수용되기 어렵기 때문이다. 그렇다고 다수가 주장하는 견해는 무조건 수용되어야 한다는 뜻은 아니다. 다수의 주장에는 때로 사적인 감정이나 인기에 영합[69]된 것이 포함되어 있을 수 있기 때문이다. 그러므로 비록 다수가 주장한다 하더라도, 그 견해가 상호 주관적으로 타당한 도덕 원리의 지지를 받아 보편화 가능한 도덕 판단으로 이끌어질 수 없는 것이라면, 그러한 견해는 수용되어서는 안 된다. 그러한 견해나 도덕 판

---

69) 영합迎合: 사사로운 이익을 위해 아첨하며 좇음.

단은 도덕적 문제를 해결할 수 있는 방안으로 정당화될 수 없기 때문이다.

도덕 판단이 도덕적 문제를 해결할 수 있는 공동의 답이 되기 위해서는 도덕적 토론에 필요한 규칙과 방법이 적절하게 운용되어야 한다. 이를 위해서는 도덕적 토론의 목적과 대상이 무엇인가를 분명히 알고 임해야 한다. 목적을 달성하는 데 필요한 도덕적 토론의 일반적인 규칙과 방법에 대해서도 알고 있어야 한다.

이제 그러한 규칙과 방법에는 어떠한 것들이 있어야 하는가에 대해 살펴보자. 첫째, 도덕적 토론에 참여하는 사람들은 동등한 지위를 가지고 참여할 수 있어야 한다. 예를 들어 배의 선장과 선원의 입장에서 참여하는 식의 토론은 곤란하다. 양자의 관계는 한쪽은 명령하고 다른 한쪽은 복종하는 관계에 놓여 있기 때문이다. 다른 예로 의사와 환자의 관계와 같은 전문가와 비전문가의 입장에서 참여하는 것도 곤란하다. 양자 간에는 토론의 주제와 관련된 식견70)에 큰 차이가 있기 때문이다. 이러한 관계에서는 공동의 문제를 공동으로 해결하는 도덕적 토론 자체가 성사되기도 어렵다. 도덕적

---

70) 식견識見: 배워서 얻은 지식과 보고 들음.

미혼녀의 출산과 도덕 판단

토론은 모든 참여자가 동등한 입장에서 참여할 수 있어야 자유롭게 토론에 임할 수 있고, 자부심과 책임감을 가지고 공동의 문제 해결을 위한 노력도 적극적으로 할 수 있다.

둘째, 도덕적 토론에서 사용하는 중심 매체, 즉 도구는 언어여야 한다. 도덕적 토론은 공동의 문제를 공동으로 해결하는 일종의 도덕적 사고와 판단의 과정이다. 사고는 언어에 의해 이루어진다.[71] 한편 토론은 토론자가 자신의 사고를 공개적으로 제시하여 다른 토론자들과 함께 논의하는 과정이다. 그러한 논의를 통해 문제 해결의 답을 공동으로 찾는 탐구 활동이다. 그러므로 토론의 도구는 언어, 즉 말이어야 한다. 토론이 언어가 아닌 다른 도구, 예를 들어 힘 있는 사람이나 세력의 압력 또는 폭력에 의해 이루어진다면, 그로부터 이끌어진 답은 문제 해결을 위한 도덕적인 답이 될 수 없다. 도덕적 문제는 합리적인 도덕적 사고에 의해 이끌어진 도덕 판단이 제공하는 답에 의해서만 해결될 수 있기 때문이다.

셋째, 그러나 토론의 도구가 말이어야 한다고 해서 토론을 할 때 어떤 말을 해도 다 된다는 뜻은 아니다. 다른 영역의

---

[71] 인간 이외의 다른 동물들은 인간과 같이 사고를 한다고 볼 수 없다. 그들에게는 인간이 사용하는 것과 같은 언어가 없기 때문이다.

토론에서와 마찬가지로 도덕적 토론에서도 토론의 주제나 대상과 관련해서 토론자들 간에는 서로 견해가 다를 수 있다. 그러므로 그러한 견해에 대한 찬반의 토론이 있게 마련이다. 그 과정에서 상대방을 설득할 수도 있고, 상대방의 견해에 동의할 수도 있다. 그러한 과정을 거쳐야 도덕 원리에 대한 상호 주관성을 확보하여 보편화 가능한 도덕 판단도 할 수 있고, 도덕적 문제도 공동으로 해결할 수 있다.

넷째, 그렇게 할 수 있으려면 토론자는 토론을 할 때 자신의 말씨나 태도에 각별한 주의를 기울여야 한다. 무엇보다도 상대방의 마음을 상하게 하는 말을 해서는 안 된다. 즉 모욕적인 말을 해서는 안 된다. 공격적인 말을 해서도 안 된다. 화를 내거나 신경질적인 말을 해서도 안 된다. 적대감을 나타내는 말을 해서도 안 된다. 상대방의 말을 가로막는 말을 하는 것도 곤란하다. 토론을 논쟁으로 생각하여 어떻게든 상대방을 이기려고만 해서도 곤란하다. 이러한 말씨나 태도는 토론 자체를 지속시키기도 어렵거니와 반목과 대립의 사태를 유발할 수도 있기 때문이다.

그 밖에도 건전한 토론에 도움이 되지 않는 말이나 태도는 삼가야 한다. 예를 들면 주제와 관련 없는 말은 삼가는 것이 좋다. 혼자서 너무 많이 말하는 것도 삼가는 것이 좋다. 그렇

미혼녀의 출산과 도덕 판단

다고 전혀 말을 하지 않거나 너무 적게 말하는 것도 곤란하다. 큰 소리로 말하는 것도 삼가야 한다. 너무 정서적[72]으로 말하는 것도 좋지 않다. 사람들로부터 인정을 받거나 칭찬을 받고자 말하는 것도 곤란하다. 토론을 잘하는 급우를 시기·질투하는 말을 하거나 태도를 보여서도 곤란하다. 건전한 토론을 위해서는 무엇보다도 다른 사람의 말을 경청해야 한다. 내가 한 말을 다른 사람들이 이해했는가를 확인하면서 토론하는 노력도 필요하다.

한편 도덕적 토론은 인기 없는 의견을 말하는 것에 대해 두려워하지 말고 참여할 수 있도록 권장되어야 한다. 주제의 성격이나 내용 또는 토론의 진행에 따라 필요할 때는 참여자들에게 주제에 대해 숙고해 볼 수 있는 시간을 별도로 제공하는 것도 바람직하다. 토론을 주재하는 사회자는 토론을 객관화하는 노력을 할 필요가 있다. 이를 위해 토론을 녹음하거나 촬영한 후, 나중에 재생하여 있었던 토론 자체에 관해 다시 토론해 보는 방법도 고려해 볼 만하다.

---

72)  정서적情緒的: 기쁨, 노여움, 슬픔, 즐거움 등을 나타내는 것.

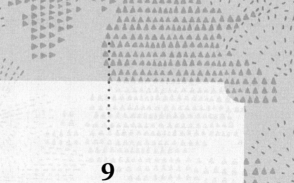

**9**

———

# 도덕 판단과
# 도덕적 행동의 관계

도덕은 본질73)적으로 행위의 문제다. 우리가 도덕적 사태를 해결하고자 사고하여 판단하는 것도 행동을 하기 위해서다. 즉 '어떤 행동을 해야 하는가.'와 '어떻게 행동해야 하는가.'를 결정하기 위해서다. 그러나 도덕적 문제 사태에서 항상 이러한 사고와 판단의 과정이 요구되는 것은 아니다. 문제의 내용이 단순한 것일 때는 굳이 그러한 과정을 거쳐야 할 필요가 없다. 우리는 그러한 문제에 대해서는 어떤 행동을 어떻게 해야 하는가를 마음속의 도덕의식인 양심에 의해 직관적으로 알 수 있기 때문이다.

---

73)  본질(本質): 본디부터 갖고 있는 사물 스스로의 성질이나 모습.

다음과 같은 예를 들어보자.

미영이는 방과 후에 짝꿍인 영순이와 함께 교실에 남아 숙제를 하고 있다. 영순이는 평소에 공부도 열심히 하고 봉사활동에도 적극적으로 참여하는 등 우리 반의 모범 학생 중의 한 사람이다. 미영이는 내일까지 해 와야 하는 숙제에 어려움이 있다. 이를 눈치챈 영순이는 집에도 가지 않고 기꺼이 미영이를 도와주고 있다. 그런데 갑자기 쾅 하는 소리와 함께 교실 문이 열리더니 낯선 사람이 들어왔다. 깜짝 놀란 미영이와 영순이는 그 사람을 쳐다보았다. 험상궂게 생긴 그 사람은 그들에게 다가오더니 다짜고짜로 손에 쥐고 있는 흉기를 내밀며 '너희 중에 누가 영순이냐?'고 묻는다. 그 사람의 눈에는 살기가 가득 차 보였다. 영순이가 누구인지 알게 되면 금방이라도 찔러버릴 것 같은 태세다.

우리는 정직해야 한다. 즉 거짓말을 해서는 안 된다. 그러나 앞의 예에서 미영이의 경우는 어떠한가? 미영이는 그 사람에게 옆에 있는 친구가 영순이라고 사실대로, 즉 정직하게 말해 주어야 하는가? 아니면, 영순이는 여기에 없다거나 집에 갔다고 거짓말을 해야 하는가? 만약에 당신이 이야기 속

미혼녀의 출산과 도덕 판단

의 미영이라면, 어떻게 하겠는가? 아마도 당신은 즉시 거짓말을 할 것이다. 사실대로 정직하게 말하면, 영순이가 흉기에 찔리는 등 상해를 입을 것이 뻔하다는 것을 당신은 직관적으로 알 수 있기 때문이다.

그러나 이와는 달리, 도덕적 문제가 복잡하여 그것에 대한 답을 직관적으로 알 수 없을 때, 우리는 도덕적 사고도 하고, 그것에 기초한 도덕 판단도 하게 된다. 다시 말하면, 도덕적 사고와 판단은 도덕적 문제에 대한 답을 직관적으로 알 수 없을 때 그것을 알기 위해 전개하는 탐구의 과정이다. 그러한 과정을 거쳐야 우리는 그 문제 사태에서 어떤 행동을 어떻게 해야 옳은가에 대한 답을 비로소 알 수 있기 때문이다. 여기서 우리는 도덕적으로 사고하고 판단하는 과정을 도덕적 앎을 추구하는 과정으로 볼 수 있다.

다음과 같은 예를 하나 더 들어보자.


요즈음 은실이네 집은 근심과 걱정이 가득 차 있다. 평소에 건강해 보이시던 40대의 아버지가 몸이 좀 안 좋은 것 같다고 말씀하시더니 지지난 주에 병원에 입원을 하셨다. 그동안에 여러 가지 사진도 찍고 검사도 받았는데, 지난주에 췌장암 말기라는 진단이 내려졌다. 췌장암 말기는 현대 의학으로는 치료가 어렵다. 아직 아버지는 모르고 계신다. 은실이도 모르고 있었다. 그런데 며칠 전부터는 아버지보다 어머니가 더 힘드신 것 같아 오늘 어머니께 어디가 편찮으시냐고 여쭈어보았다. 한숨과 함께 눈물을 짓던 어머니는 아버지가 췌장암 말기의 진단이 내려진 사실을 말씀해 주셨다. 은실이는 어머니의 말씀을 잘못 들은 것 같아 다시 여쭤봤다. 그러나 어머니의 대답은 이번에도 같았다. 순간 은실이는 앞이 캄캄해지는 것을 느꼈다. 은실이와 어머니는 서로를 껴안은 채 말없이 흐느껴 울기만 했다.

이 예에서 은실이네 가족은 40대인 은실이 아버지께 췌장암 말기라는 사실을 사실대로 정직하게 말해야 하는가? 아니면, 말하지 말아야 하는가? 한동안만 말하지 말아야 하는가? 돌아가실 때까지 말하지 말아야 하는가? 아버지께서 진단 결과가 어떻게 나왔느냐고 물으셔도 말하지 말아야 하는가? 아니면, 치료가 가능한 다른 병이라고 거짓말을 해야 하는가?

우리는 이러한 물음에 대한 답을 직관적으로 알 수 있는가? 그리하여 즉시 대답할 수 있는가? 아마도 그러지 못할 것이다. 그러한 물음에 답하기 위해서는 진지한 도덕적 사고 내지는 판단이 요구되기 때문이다.

무엇보다도 환자인 아버지의 입장에서 생각하고 판단해야 한다. 환자가 췌장암 말기라는 사실을 알게 될 때, 그것으로부터 받게 되는 충격이나 절망은 어떠할까? 그것은 환자의 생명에 어떤 영향을 미칠까? 아무런 영향도 안 미칠까? 생명의 연장에 도움이 될까, 아니면 그 반대일까? 환자가 사실을 알게 되면, 사실을 받아들이고 삶을 정리하는 데 도움이 될까? 그것은 환자에게 의미 있는 것일까? 환자에게 끝까지 사실을 숨기면, 그것은 환자에게 도움이 되는 걸까? 가족은 그것을 숨길 권리가 있는가?

이처럼 우리는 도덕적 문제 사태에서 문제 해결의 답을 즉시 알 수 없을 때, 그 답이 무엇이어야 하는가를 알기 위해, 즉 도덕적 앎을 추구하기 위해 도덕적 사고와 판단을 한다.

앞에서 살펴본 바와 같이, 우리는 도덕적 문제 사태에 처했을 때 '나는 마땅히 무엇을 해야 하는가?'의 물음에 대한 답을 도덕적 직관에 의해 즉시 알 수 있는 경우가 있다. 이와는 달리, 도덕적 사고를 하여 도덕 판단을 내려야 비로소 알 수 있는 경우도 있다. 그러나 우리가 그 답을 어떻게 알든, 문제가 되는 것은 아는 것을 아는 대로 행하지 않거나 못하는 경우다. 물론 모든 사람이 다 그런 것은 아니다. 실천하는 사람도 있다. 그러나 실천하는 사람이라고 해서 언제, 어디서나,

반드시 실천하는 것은 아닌 것 같다. 이른바 지행 괴리 현상 74)이 있다.

그런데 왜 우리에게는 도덕적 문제 사태에서 무엇을 어떻게 하는 것이 도덕적이라는 것을 알면서도 그것을 아는 대로 행하지 않거나 못하는 지행 괴리 현상이 있는 걸까? 다음과 같은 예를 들어 생각해 보자.

영호는 지난주 화요일 하굣길에 현금 50만 원이 든 봉투를 길가에서 습득했다. 순간 '이게 웬 횡재75)야!'라고 생각했다. 요즈음 디지털 카메라를 하나 가지고 싶었기 때문이다.

그러나 얼마 지나지 않아 돈을 잃어버린 사람은 누굴까? 지금 그 사람의 마음은 어떨까? 경찰서에 갖다 주어야 하지 않나? 내가 잃어버린 돈을 다른 사람이 습득했다면… 등, 이런저런 생각으로 마음이 복잡했다.

벌써 일주일이 지났다. 요즈음 나의 태도가 이상해서인지 오늘 하굣길에는 짝꿍이 내게 무슨 고민이 있느냐고 물었다. 처음에는 아무 일도 없다고 했지만, 나를 걱정하며 되묻기에

---

74) 지행 괴리 현상知行乖離現象: 아는 것과 행하는 것이 서로 어그러져 동떨어져 있는 상태.

75) 횡재橫財: 뜻밖에 재물을 얻음.

미혼녀의 출산과 도덕 판단

사실대로 말했다. 짝꿍은 눈 딱 감고 디지털 카메라를 사서 이번 주말에 자기와 함께 사진 찍으러 야외로 가자고 한다. 영호는 짝꿍의 말에 귀가 솔깃했다. 그러나 집에 돌아온 영호는 지금이라도 경찰서에 가져다줘야겠다는 생각이 들었다.

이튿날, 영호는 하굣길에 경찰서에 가려고 했다. 그러나 막상 가려 하니 버스를 두 번이나 갈아타야 했다. 비도 오고 있었다. 귀찮다는 생각이 들었다. '에라, 모르겠다.' 하며 그냥 집으로 와버렸다.

그러다가 또 일주일이 지나버렸다. 이제는 처음과는 달리 이 문제를 어떻게 처리해야 할까에 대한 생각이나 관심이 심각하지도 않다.


도덕적 행동은 도덕적 문제 사태에서 '나는 마땅히 무엇을 해야 하는가?'의 물음에 대한 답에 따라 그것을 실천하는 일이다. 이는, 도덕적 행동은 당위에 따라야 하는 규범적이고 의무적이라는 뜻이다. 다시 말하면, 도덕적 행동은 우리가 심리적으로 원하거나 하고 싶어 하는 것이 아닐 수 있다. 그러나 마땅히 해야 하는 행동이다. 그럼에도 불구하고 우리가 도덕적 행동에 실패하는 경우가 있다.

일반적으로 우리가 도덕적 행동에 실패하는 경우는 다음

과 같다.

첫째, '무엇을 해야 하는가?'를 몰라서라기보다는 알면서도 아는 대로 행하기를 원하지 않아서일 경우다. 도덕적 행동을 하면 다른 사람의 이익을 고려하게 되고, 이는 상대적으로 자신의 이익을 덜 고려하게 된다. 즉 알면서도 행하지 않는 주요한 이유는 이기심[76) 때문일 경우가 많다.

둘째, 아는 대로 행하기를 원하지 않아서라기보다는 행하지 못할 경우다. 즉 다른 사람의 이익을 고려해야 한다는 것을 알면서도 도덕적 의지가 약해 그것을 실천하지 못할 경우다.

셋째, 용기가 부족한 경우다. 도덕적 문제 사태에서 나는 그 문제에 관련된 사람들의 이익을 고려하려 하는데, 어떤 사람이 '다른 사람들은 무시하고 너와 나만을 고려하자.'라고 유혹할 수도 있다. 때로는 힘 있는 사람이 협박할 수도 있다. 다수의 사람과 맞서야 할 때도 있다. 그럴 때 용기가 없다면, 유혹을 극복하기도, 협박을 이겨내기도, 다수의 사람과 맞서기도 어렵다. 이처럼 용기의 부족은 도덕적 행동에 실패하는 주요한 원인 가운데 하나로 작용할 수 있다. 용기의 부족도

---

76) 이기심利己心: 자기 자신의 이익만을 꾀하는 마음.

미혼녀의 출산과 도덕 판단

도덕적 의지가 약해서다.

넷째, 귀찮아서 하지 못할 경우도 있다. 게을러서 하지 못할 경우도 있다. 삶 자체가 싫증이 나서 하지 못할 경우도 있다. 이러한 것이 원인이 되어 실패하는 도덕적 행동도 도덕적 의지가 약해서기는 마찬가지다.

우리는 지금까지 도덕적 사태에서 무엇을 어떻게 하는 것이 도덕적이라는 것을 알면서도 그것을 아는 대로 행하지 않거나 못하는 경우에 대해 생각해 보았다. 그런데 이러한 생각은 도덕에서 도덕적 행동이 도덕적 앎보다 더 중요하다는 인상을 줄 수 있다. 이는 한 측면에서 보면 당연할 수 있다. 도덕은 본래가 행위의 문제인데다가, 앞에서 살펴본 바와 같이 알면서도 행하지 않거나 못하는 사람이 있기 때문이다.

물론 옳고 선한 것이 무엇인가를 알면서도 행하지 않거나 못하는 것은 문제가 있는 것이 분명하다. 그러나 우연의 일치가 아니고서는 알지 못하는 것을 행하지는 않는다. 여기서 우리는 도덕적 앎과 도덕적 행동의 관계에 대해 어느 한쪽이 다른 한쪽보다 더 중요하다거나 덜 중요하다고 말하는 것은 의미 없다는 것을 알 수 있다. 둘 다 중요하기 때문이다. 어느 한쪽이 없고서는 다른 한쪽이 존재하기도 어렵거니와 도덕적 삶 자체가 이루어질 수도 없기 때문이다.

그러므로 우리는 무엇이 옳고 선한 것인가를 알 수 있도록 탐구해야 할 뿐 아니라, 그러한 앎을 실천하는 행동도 병행하는 도덕적 삶을 살아야 한다.

미혼녀의 출산과 도덕 판단

# 10

—

# 도덕적 실천 동기

도덕은 사람의 삶에서의 문제다. 사람 이외의 다른 존재들에게는 도덕이 없다. 이러한 사실로부터 우리는 사람과 도덕의 관계가 어떤 것일까를 상상해 볼 수 있다. 만약에 우리에게 도덕이 없다면, 우리의 삶은 어떻게 될까? 도덕이 없어도, 사람으로서의 삶을 영위할 수 있을까? 여전히 사람답게 살아갈 수 있을까? 사람이 무엇이기에, 또한 도덕이 무엇이기에, 사람은 도덕적으로 살지 않고서는 사람답게 살아갈 수 없다는 것인가?

먼저 사람의 개념에 대해 살펴보자. 사람은 누구나 생각할 수 있다. '나는 생각한다. 그러므로 존재한다.'77)는 말도 있

---

77) 이 말은 프랑스의 철학자이자 수학자인 데카르트(Descartes, 1596~1650)가 한 말이다.

다. 우리는 사고에 의해 사물이나 현상의 진위 또는 시비선악을 분별하여 바르게 판단할 수 있다. 이는 사람의 이성이 작용해서다. 사람은 누구나 이러한 이성을 가지고 있다. 이 점에서 우리는 사람을 이성적 존재라고 말한다.

인간의 사고는, 이성의 작용이기는 하나, 특별히 언어에 의해 이루어진다. 즉 인간은 언어에 의해 사고한다.[78] 이는, 언어가 없는 존재는 사고할 수 없다는 뜻이다. 실제로 우리는 인간 이외에 다른 존재가 인간의 것과 같은 언어를 사용하여 사고한다는 것을 알지 못한다. 이러한 사실로부터 우리는 '어떤 존재가 언어를 사용하는 이성적 존재라면, 그 존재는 사람이다.'라고 정의할 수 있다.

그러므로 우리는, 사람이 인종[79], 피부색, 국가, 민족, 문화, 빈부, 노소, 성, 지위 등이 다르다고 해서 그것을 이유로 사람을 차별해서는 안 된다. 사람을 차별하는 것은 비도덕적이기 때문이다. 다시 말하면, 사람을 사람으로서 평등하게 대우하는 것이 도덕적인 것이다. 사람은 언어를 사용하는 이

---

[78] 언어言語는 인간의 생각과 감정을 표현하는 도구이기에 앞서, 폐가 호흡 기관器官이듯이, 사고의 기관이다.

[79] 인종人種: 인류를 지역과 신체적 특성에 따라 구분한 종류(예: 백인종, 황인종, 흑인종 등).

　　　　　　　　　　　　　　미혼녀의 출산과 도덕 판단

성적 존재라는 점에서 누구나 평등할 뿐 아니라 평등하게 대우받기도 바라기 때문이다.

그러나 사람들 중에는 '인간은 누구나 인간으로서 평등하다.'는 것을 제대로 알지 못하고 또는 알더라도 그것을 의식하지 못하거나 무시한 채 인종, 피부색, 국가, 빈부, 성, 지위 등이 다르다는 것을 이유로 다른 사람을 차별 대우하는 사람들이 있다. 하지만 그것은 다른 사람을 차별 대우해도 된다는 이유로 정당화될 수 없다. 그러한 차이에도 불구하고 사람은 사람이라는 점에서 여전히 평등하기 때문이다.

인간의 평등사상은 기본적인 도덕규범의 하나다. 그리고 이 평등사상은 인간의 개념으로부터 이끌어진 것이다. 우리가 이해관계가 얽혀진 도덕적 문제에서는 다른 사람의 이익을 나의 것과 공정하게 고려해야 한다는 것도 바로 이러한 인간의 평등사상에 근거한다. 여기서 '사람들의 이익을 공정하게 고려해야 한다.'는 것 역시 기본적인 도덕규범의 하나다.

기본적인 도덕규범의 하나로 무엇보다도 중요한 것은 사랑이다. 그런데 이 사랑과 공정한 이익 고려는 도덕규범으로서 양자 간에 밀접한 관련이 있다. 물론 얼핏 볼 때는 양자가 별로 관계가 있어 보이지 않을 수 있다. 하지만 잘 생각해 보면 '공정한 이익 고려'에, 비록 소극적일지라도 일종의 사랑의 개념이 함축되어 있음을 알 수 있다. 즉 이해관계가 얽힌 도덕적 문제에서 내가 나의 이익과 타인의 이익을 '공정하게' 고려한다는 것은 산술적 의미에서는 타인에 대한 사랑이 작용하고 있다는 것을 찾아보기 어려울 수 있다. 하지만 우리에게 타인에 대한 사랑의 감정이 전혀 없다면, 도덕적 문제에서 자신의 이익과 타인의 이익을 공정하게나마 고려할 가능성은 거의 없을 것이다.

도덕적 행위는 어디까지나 자율적인 행위다. 이는, 내가 도덕적 행위를 하지 않을 경우, 나는 양심의 가책이나 그것을 알고 있는 다른 사람들로부터 도덕적 비난을 받을 수는 있지만, 법을 어기는 경우처럼 나에게 어떤 강제적인 제재가 따르지는 않는다는 뜻이다. 그러나 그럼에도 불구하고 내가 도덕적 문제에서 자율적으로 다른 사람들의 이익을 공정하게 고려하는 것은 그들을 향한 관심이나 배려와 같은 일종의 사랑이 작용하기 때문이다. 여기서 '타인을 향한 관심'이나 '타인에 대한 배려' 역시 기본적인 도덕규범이다.

물론 '공정한 이익 고려'와 같은 소극적 사랑으로서의 도덕규범보다는 '인仁'이나 '자비'와 같은 적극적 사랑으로서의 도덕규범이 더 바람직한 것임에는 틀림없다. 이러한 사랑은 대인 관계에서 이해관계의 발생 여부와 무관하게 작용하기 때

미혼녀의 출산과 도덕 판단

문이다. 즉 곤경에 처한 사람을 볼 때 불쌍한 마음이 들어 그 사람을 돕고 싶은 마음이 생길 수 있다. 이때 그 사람이 도움을 필요로 하는 것이 무엇이든, 즉 나의 마음이든 내가 가진 것이든, 그것을 그 사람에게 나누어주어 그 사람이 곤경에서 벗어날 수 있도록 도와주는 것은 적극적인 사랑이 작용해서다. 이 점에서 '사랑'은 '공정한 이익 고려'보다 더 바람직한 도덕규범이다.

여기서 우리는 주요한 기본적인 도덕규범들이 모두 '사람이란 무엇인가'의 명제, 다시 말해 인간의 개념과 관련해서 이끌어진 것임을 알 수 있다. 도덕적 문제에서 사람들을 평등하게 대우하는 것도, 그들의 이익을 공정하게 고려하는 것도, 타인에게 관심을 가지고 배려하는 것도, 타인에게 사랑을 베푸는 것도, 그러한 행위가 이루어지는 구체적인 상황이 무엇이든, 그 이유는 '그들도 사람이니까, 나도 사람이고 그 사람도 사람이니까.'이다. 이처럼 사람의 개념과 도덕규범의 관계는 밀접하다.

도덕적 삶이란 생활 속에서 도덕규범을 준수하며 살아가는 삶이다. 이를 위해서는 무엇보다도 도덕규범이 무엇인가를 아는 것이 중요하다. 그러나 그것을 아는 것만으로는 도덕적 행동에 이르기가 쉽지 않다. 모든 행동에는 그것에 앞서 작용하는 나름대로 심리적 이유, 즉 동기가 있기 때문이다. 행동은 그러한 동기가 없이는 이루어질 수 없다. 도덕적 행동도 마찬가지다. 여기서 우리는 도덕규범을 준수하도록 자극하고 촉진하는 마음의 작용을 도덕적 동기로 볼 수 있다. 즉 도덕적 동기를 일종의 도덕적 의지가 작용하는 측면으로 볼 수 있다. 문제는, '우리가 어떻게 도덕적 동기나 의지를 계발할 수 있는가?'이다.

도덕적 동기를 계발하는 방법으로 첫 번째로 생각해 볼 수 있는 것은 도덕규범을 '나의 도덕규범'이 되게 하는 것이다. 도덕규범은 원래가 나의 밖에 있는 사회의 것이다. 그리고 도덕규범은 우리에게 그것을 준수할 것을 명령한다.[80] 그러나 자율적 존재인 인간은, 사회의 도덕규범이 명령한다는 이유만으로 그것을 준수하기는 어렵다. 그렇게 할 수 있으려면, 내가 도덕규범을 이해하고 받아들여 나 스스로가 그것을 준수하고 싶은 마음과 의지를 가질 수 있어야 하기 때문이다. 그러므로 도덕규범을 준수할 수 있기 위해서는 '나의 밖

---

80) 도덕규범의 명령: '거짓말하지 말라', '도둑질하지 말라', '남에게 해롭게 하지 말라' 등 모든 도덕규범은 우리에게 명령한다.

미혼녀의 출산과 도덕 판단

에 있는 도덕규범'을 '나의 안에 있는 도덕규범'이 되게 해야
한다.

우리는 어떻게 사회의 도덕규범을 나의 도덕규범이 되게
할 수 있을까? 그렇게 할 수 있기 위해서는, 무엇보다도 도덕
규범을 존경하고 지지하는 마음을 가질 수 있어야 한다.[81]
만약에 어떤 사람이, 예를 들어 '거짓말하지 말라.'는 도덕규
범을 존경하고 지지하지 않는다면, 그 사람의 행위는 어떻게
될까에 대해 생각해 보자. 아마도 그 사람은 도덕적 문제 사
태에서 그 문제에 관련된 다른 사람에게 거짓말을 할 수 있
을 것이다. 그로 인해 다른 사람에게 해를 끼칠 수 있다. 그
러나 그 사람이 그 규범을 존경하고 지지한다면, 그 사람은
다른 사람에게 거짓말을 하지 않을 것이다. 그러므로 다른
사람이 해를 입는 일도 없을 것이다.

여기서 우리는, 어떤 도덕규범을 존경하고 지지하는 마
음을 가진 사람은 더 이상 그것을 사회의 것으로만 생각하
지 않고, 이미 그것을 자신의 마음속에 받아들였다고 볼 수
있다. 그러므로 이제 그 사람에게 있어서 그 도덕규범은 실

---

81) 칸트는 인간에게 선의지善意志가 있다고 말하였다. 그가 말하는 선의지는 이성을 통해
생겨난 인간의 선한 의지를 말하는 것이며, 이는 곧 '도덕규범에 대한 존경심'을 말한다.

천'해야 할' 이유로서뿐 아니라 실천 '하고 싶은' 이유로도 작용할 수 있다. 즉 도덕적 당위로서뿐 아니라 도덕적 동기로도 작용할 수 있다.

둘째, '다른 사람에 대해 관심 가지기'를 도덕적 동기를 계발하는 방법으로 생각해 볼 수 있다. 이해관계가 얽힌 도덕적 문제에서 다른 사람의 이익을 고려할 수 있기 위해서는 먼저 다른 사람을 향한 관심이 있어야 한다. 곤경에 처한 사람을 도와주기 위해서도 다른 사람을 향한 관심이 앞서야 한다. 고통 받고 있는 사람을 가엾게 여겨 도와주거나 보살펴주기 위해서도 다른 사람을 향한 관심이 앞서야 한다.

우리는 다른 사람에 대해 관심을 가질 때, 비로소 다른 사람의 입장에서 생각해 보는 역지사지가 가능하다. 다른 사람에 대한 이익 고려도, 도움도, 동정도 도덕적 상상을 통해 역지사지할 때 가능하다. 역지사지할 수 있어야 '아! 그 사람도 내가 나의 이익을 고려하고 싶어 하듯이 그 사람의 이익을 고려하고 싶어 하겠구나!', '아! 그 사람도 내가 남에게 대접받고 싶어 하듯이 나에게 대접받고 싶어 하겠구나!', '아! 그 사람도 내가 곤경에 처해 있을 때 도움을 받고 싶어 하듯이 나에게 도움을 받고 싶어 하겠구나!'를 깨달을 수 있다. 이처럼 다른 사람에 관한 관심은 우리에게 도덕규범을 실천할 수 있도록 우리의 마음을 자극하는 도덕적 동기로 작용할 수 있다.

셋째, 도덕적 동기를 계발하는 방법에는 도덕규범에 대한 존경심이나 다른 사람을 향한 관심만큼 적극적 동기[82]로 작용하지는 못하지만, 소극적 동기[83]로 작용하는 죄의식이나 수치심을 활용하는 것도 있다. 죄의식은 자신의 생각이나 행동이 잘못되었다는 것을 뉘우칠 때 느끼는 아픈 마음이다. 도덕규범을 지키지 못했을 때, 그리고 그로 인해 다른 사람들이 해를 입게 되었을 때, 그러한 것을 뉘우치며 느끼는 괴로운 마음이다. 즉 죄의식은 양심의 가책을 받을 때 느끼는 아프고 괴로운 마음이다. 이러한 죄의식은 우리에게 다시는 도덕규범을 위반하지 않겠다는 각오와 함께 그것을 실천하겠다는 도덕적 동기로 작용할 수 있다.

그러나 도덕규범을 위반한 사람이 누구나 다 뉘우치고 죄의식을 가지는 것은 아니다. 그렇지 못한 사람도 있다. 그 경우, 우리는 그 사람에게 도덕규범을 위반했다는 사실을 지적해 주어야 한다. 그로 인해 도덕적 질서가 무너지고 다른 사

---

82) 적극적 동기: 어떤 자발적인 마음이나 행위 자체에서 생기는 동기.
83) 소극적 동기: 어떤 마음이나 행위의 결과에 따라 생기는 동기.

람이 해를 입게 되었다는 점도 알려주어야 한다. 그리하여 자신의 잘못을 뉘우치는 등 죄책감을 가질 수 있도록 해야 한다. 이처럼 위반 행위를 지적해 줌으로써 위반자에게 죄책감을 가지게 하는 것도 앞으로 도덕규범을 실천할 수 있도록 자극하는 도덕적 동기 부여의 방법이 될 수 있다.

한편, 우리는 도덕규범을 위반했을 때 죄의식과 함께 수치심을 느끼기도 한다. 그 도덕규범을 내가 받아들인 것이면, 더욱 그러하다. '나는 내가 스스로 받아들인 도덕규범조차도 지키지 못하는 사람이구나!'와 같이 자신을 보잘것없는 사람으로 느낄 수 있기 때문이다. 이처럼 도덕적 수치심은, 도덕규범을 실천하는 삶은 옳고 선한 삶이라는 신념을 가진 사람이 그것을 실천하지 못했을 때 느끼는 부끄러움이다. 이러한 도덕적 수치심도 앞으로는 도덕규범을 지키며 떳떳하게 살겠다는 마음을 다지게 해 주는 도덕적 동기로 작용할 수 있다.

미혼녀의 출산과 도덕 판단

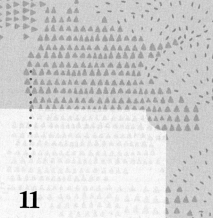

**11**

———

도덕적 신념과
도덕적 행동

우리는 도덕적으로 살아야 한다. 왜 그래야 하는가? 우리는 사람이고 도덕적으로 사는 것은 사람답게 사는 것이기 때문이다. 도덕적으로 사는 것은 어떻게 사는 것이기에 그것을 사람답게 사는 것이라고 하는가? 도덕적으로 사는 것은 옳고 선하게 사는 것이고, 이러한 삶은 사람만이 영위할 수 있기 때문이다.

그런데 어째서 옳고 선하게 사는 것을 사람답게 사는 것이라고 하는가? 그렇게 사는 사람은 도덕적 문제에서 곤경에 처한 사람을 도와줄 수도 있고, 자신의 이익을 고려하듯이 타인의 이익도 고려할 수 있는 사람이고, 마지막으로 우리는 그와 같이 사는 사람의 삶의 모습을 사람답다고 보기 때문이다. 그렇다면 우리는 어떻게 해야 그와 같은 삶을 살아갈 수 있는가?

그렇게 하기 위해서는 도덕규범을 지켜야 한다. 도덕규범은 본래가 다른 사람을 도와주거나 배려하는 등 타인을 이롭게 하기 위한 것이다. 그러므로 도덕규범을 지켜 다른 사람을 이롭게 하며 살아가는 것이 바로 도덕적 행동이다. 그렇다면 우리는 어떻게 해야 그러한 도덕적 행동을 할 수 있는가? 먼저, 앞에서 살펴본 바와 같이, 도덕규범이 옳고 선하다는 것을 인식하고 존경해야 한다. 그리하여 그것을 '나의 도덕규범'으로 받아들여야 한다. 사회의 도덕규범을 '나의 도덕규범'으로 받아들인 사람은, 그것을 존경할 뿐 아니라 받들게도 된다. 이는 마치, 우리가 훌륭한 사람을 존경하는 것과도 같다. 또한 종교인이 절대자84)를 존경하고 받들게 되는 것과도 같다.

사회의 도덕규범을 '나의 도덕규범'으로 받아들여 그것을 존경하고 받드는 사람은, 이를테면 그것을 자신의 삶의 원리로 믿고 받아들인 셈이다. 그러한 사람은 그것에 따라 살아가는 것이 옳고 선한 삶이라는 도덕적 신념을 형성한 사람이다. 그러한 사람은 도덕적으로 살아가는 데서 삶의 의미를

---

84) 절대자絶對者: 신神처럼 스스로 존재하면서 그 자신만으로 완전한 것.

미혼녀의 출산과 도덕 판단

발견하고 보람과 행복을 느낄 수 있다고 믿는 사람이다. 그러한 사람은, 자신이 받아들인 절대자를 믿고 그 말씀에 따라 살아가는 것이 옳고 선한 삶일 뿐 아니라, 그러한 삶에 의해 구원[85])도 받을 수 있다는 종교적 신념을 가진 사람에 비유될 수 있다.

도덕적 행동은 도덕적 신념을 가지고 살아가는 사람에게서 기대될 수 있는 삶이다. 도덕적 신념이 없는 사람은 생활 속에서 도덕적 문제를 만나더라도, 그것을 해결하여 도덕적 행동을 할 성싶은 사람이 아니다. 도덕적 신념이 없는 사람에게서는 도덕적 동기와 의지도 기대할 수 없다.

인간의 도덕적 삶의 참모습은 도덕적 행동을 하는 사람에게서 찾아볼 수 있다. 아무리 도덕적으로 많이 알고 있다 하더라도, 그것을 실천하지 못하는 사람은 도덕적인 사람이 아니다. 도덕적 행동은 도덕규범을 실천함으로써 이루어진다. 도덕규범을 실천하기 위해서는, 물론 도덕적 앎이 앞서야 한다. 그러나 아는 것만으로는 부족하다. 말로만 해서도 안 된다. 도덕적 앎을 실천할 수 있기 위해서는, 도덕적 삶은 옳고

---

85) 구원救援: 기독교는 죄로부터, 힌두교는 무지의 상태에서, 불교는 욕망(집착)에서 벗어나는 것을 구원을 받는 것으로 본다.

선한 삶이라는 데 대한 신념이 있어야 한다. 도덕적 행동을 할 수 있도록 자극하고 격려하는 도덕적 동기도 있어야 한다. 도덕적 행동을 하고자 하는 도덕적 의지도 있어야 한다.

이처럼 '도덕적 신념'과 '도덕적 동기' 그리고 '도덕적 의지'는 도덕적 행동을 성립시키는 주요한 요소로 작용한다. 도덕적 행동은 평소에 도덕적 삶은 옳고 선한 삶이라는 신념을 가지고 살아가는 사람에게서 기대될 수 있는 행동이다. 도덕적 행동은 도덕적 문제가 발생했을 때, 그러한 신념에 따라 살고 싶은 동기가 마음속에서 일어나는 사람에게서 이루어질 수 있는 행동이다. 도덕적 행동은 마음속에서 그러한 신념에 따라 살겠다는 의지를 가진 사람에게서 이루어질 수 있는 행동이다. 도덕적 행동은 이러한 세 가지 요소가 우리 안에서 조화롭게 작용할 때 비로소 이루어질 수 있는 행동이다.

문제는, '우리가 이러한 요소를 어떻게 계발할 수 있는가?'이다. 물론 이러한 요소의 계발은 어렵다. 이러한 요소는 '앎 또는 해야 하는' 것과 관련된 이성의 문제이기보다는 '하고 싶거나 원하는' 것과 관련된 정서의 문제이기 때문이다. 정서는 아는 것도 아니고, 행동하는 것도 아닌 우리의 마음속에서 느끼는 감정의 문제다. 그러므로 도덕적 신념과 동기 및 의지를 앎이나 지식의 문제처럼 직접적으로 계발하려는

미혼녀의 출산과 도덕 판단

것은 어려운 일이다. 하지만 우리가 앞에서 도덕규범에 대한 존경과 다른 사람에 대한 관심 또는 죄의식이나 수치심 등과 관련해서 도덕적 동기를 간접적으로 계발하는 접근에 대해 살펴본 바와 같이, 그러한 요소의 계발이 전혀 불가능한 것은 아니다.

비록 어렵기는 하나, 우리가 그러한 요소를 계발하려는 노력을 게을리하지 않는다면, 도덕적 삶에서 우리가 흔히 겪게 되는 '아는 것을 아는 대로 행하지 못하는' 이른바 지행 괴리 현상을 극복하는 데에도 많은 도움이 될 수 있다. 우리가 도덕적 맥락에서 얼마나 지행합일86)에 이를 수 있는가는, 우리가 평소에 얼마나 도덕적 신념을 가지고 살아가고 있는가의 정도에 달려 있다.

우리는 앞에서 도덕적인 삶은 도덕규범을 준수하며 살아가는 삶이고, 도덕적 삶의 본질은 도덕적 문제에서 곤경에 처한 사람을 도와주거나 자신의 이익을 고려하듯이 타인의 이익도 고려하는 행위라고 했다. 그리고 이러한 행위는 도덕규범을 준수함으로써 이루어진다고 했다. 한편 기본적인 도

---

86) 지행합일知行合一: 중국 명나라 때의 유학자인 왕수인(王守仁, 1472~1528)이 한 말로, 지행일치知行一致와 같은 말이다. 즉 아는 것과 행동하는 것이 서로 어긋나지 않고 같음을 뜻한다.

덕규범에는 정직하기, 도둑질하지 않기, 남을 해하지 않기 등이 있다고 살펴본 적도 있다.

우리가 도덕적 문제에서 그 문제에 관련된 사람들의 이해관계를 정직하게 처리하는 것은 다른 사람이 부당하게 손해를 입는 일을 방지하기 위해서다. 곤궁하여 굶주리더라도 남의 물건에 손대지 않는 것은 다른 사람에게 해를 끼치지 않기 위해서다. 기분이 나쁘고 화가 났어도 다른 사람에게 함부로 말하지 않는 것은 다른 사람의 마음을 상하지 않게 하기 위해서다. 이처럼 다른 사람에게 물질적으로나 정신적으로 해가 되지 않게 하는 것이 도덕적 행위라고 했다. 즉 다른 사람에게 이롭게 하는 것이 도덕적 행위라고 했다.

도덕적 삶은 인간으로서 마땅히 해야 할 것을 하고, 지켜야 할 것을 지키며 살아가는 인간의 삶의 모습이다. 여기서 '마땅히 행해야 하고 지켜야 하는 것'이 바로 도덕규범이다. 도덕규범은 우리에게 옳고 선한 삶을 살아갈 수 있도록 이끌어주기 때문이다. 그러므로 그러한 도덕규범에 따라 살아가면 도덕적 삶이 된다. 그런데 사람들 중에는 그러한 도덕규범에 따라 살아가는 사람이 있는가 하면, 그렇지 못한 사람도 있다. 우리가 도덕규범에 따라 살 수 있는가는 우리가 도덕적 신념을 가지고 있는가, 아닌가에 달려 있다. 도덕적 신

미혼녀의 출산과 도덕 판단

넘을 가진 사람은 도덕규범에 따르는 삶을 옳고 선한 삶이라고 생각할 뿐 아니라 인간다운 삶이라고 생각하기 때문이다. 인간만이 옳고 선한 삶이 무엇인가를 알고, 그것에 따라 살아갈 수 있는 존재다.

이처럼 우리가 도덕적 신념을 가지고 있는가는 도덕적 삶을 살아갈 수 있는가의 관건87)이 된다. 도덕적 신념이 없는 사람에게서는 결국 도덕적 행동을 기대하기 어렵기 때문이다. 그러나 도덕적 신념도 일종의 신념이라는 점에서 일반적으로 신념이 가질 수 있는 문제가 있다. 신념은, 어떤 것을 진리로 믿고 주장하는 개인의 심리적 상태다. 그러나 어떤 신념을 가지고 있는 사람이라고 해서 그것이 진리라는 것을 다른 사람에게 충분하게 설명하거나 증명해 줄 수 있는 것은 아니다. 하지만 자신이 그것을 진리로 믿고 살아가는 한, 여전히 그것은 그 사람의 신념인 것이다. 이처럼 신념에는 주관이 작용할 수 있다.

도덕적 신념에도 주관이 작용할 수 있다. 그러므로 사람에 따라 도덕적 신념이 다를 수 있다. 도덕적 신념이 다르면, 따르고자 하는 도덕규범도 다를 수 있다. 이는, 도덕적 문제 사

---

87) 관건關鍵: 어떤 사물이나 문제 해결의 가장 중요한 부분.

태에서 그 문제에 관련된 사람들이 서로가 다른 도덕적 신념을 가지고 있다면, 그리고 각자 자신의 도덕적 신념에 따라 행동하고자 한다면, 서로 간에 충돌이 일어날 수도 있음을 시사[88]해 주는 말이다. 그러는 한, 도덕적 문제는 해결될 수 없을 것이고 서로 간에 갈등은 지속될 것이다.

그렇다면, 그러한 경우 우리는 어떻게 해야 하는가? 이른바 겸양[89]의 덕을 발휘하여 도덕적 신념을 양보해야 하는가? 만약에 어떤 사람이 이해관계가 얽힌 도덕적 문제에서 자신의 도덕적 신념을 양보한다면, 그 문제는 해결될 수 있을는지 모른다. 그러나 우리는 양보된 도덕적 신념을 더 이상 도덕적 신념으로 볼 수는 없을 것이다. 신념이란 양보하고 아니할 그러한 성질의 것이 아니기 때문이다.

그렇다면, 서로 간에 도덕적 신념이 갈등하는 사태에서 우리는 어떻게 해야 하는가? 서로가 자신의 도덕적 신념이 진리라고 주장하는 사태에서 어떻게 해야 하는가? 여기서 우리는 신념이란 무엇인가를 다시 한번 생각해 볼 필요가 있다. 도덕적 신념은, 어떤 도덕규범이 옳고 선한 것임을 알고, 그

---

88) 시사示唆: 귀뜀, 암시, 일러 줌과 같은 뜻.
89) 겸양謙讓: 겸손한 태도로 남에게 양보하거나 사양함.

미혼녀의 출산과 도덕 판단

것에 따라 살아가야 한다고 믿는 개인의 심리 상태다. 그러므로 개인의 주관이 개입될 수 있다. 이는, 내가 나의 도덕적 신념을 옳고 선하다고 믿는 것처럼 다른 사람도 그 사람 자신의 도덕적 신념을 옳고 선하다고 믿을 수 있다는 뜻이다.

따라서 자신의 도덕적 신념을 양보한다기보다는 자신의 도덕적 신념은 과연 옳고 선한 것인가를 검토해 볼 필요가 있다. 내가 옳고 선하다고 생각하여 받아들인 도덕규범은 과연 타당한 것인가? 과연 도덕규범으로 정당화될 수 있는 것인가? 그 도덕규범은 정말로 내가 믿고 따르는 나의 도덕적 신념인가? 그것에 따라 살아갈 때, 나는 정말로 삶의 의미를 발견하고 보람을 느끼며 행복할 수 있는가? 이와 같은 물음에 대해 다시 한 번 생각하고 판단해 볼 필요가 있다.

그 결과 여전히 자신의 도덕적 신념이 옳고 선하다고 판단되는 확신이 서면, 그것은 양보해야 할 것이 아닌 관철[90]시켜야 할 도덕적 신념인 것이다. 그러나 이 말이, 다른 사람이 믿고 따르는 도덕적 신념은 잘못된 것이라든가 옳지 않다고 보아야 한다는 뜻은 아니다. 비록 서로의 도덕적 신념은 다르다 하더라도, 그것에 따르는 것이 다른 사람의 이익을 고

---

90) 관철貫徹: 어려움을 뚫고 나아가 목적을 기어이 이룸.

려하는 행위가 될 수 있는 한, 그것은 여전히 도덕적 행위가
되기 때문이다. 이는, 종교적 신념을 달리하는 사람들이 서
로가 진리로 믿고 주장하며 따르는 경전이나 숭배하는 대상
이 다르다 하더라도, 그것에 따르는 것이 사람들을 선하게
살아갈 수 있도록 인도하고 구원의 길로 이끌어 준다고 믿는
한, 그것은 여전히 종교적 삶이 되는 것과 마찬가지다.

미혼녀의 출산과 도덕 판단

# 12

## 도덕적 문제와
## 쟁점의 성격

갈등은 대인 관계에서 각자의 이해관계가 달라 서로 적대시 하거나 불화를 일으키고 있는 상태이다. 이해관계는 일반적 으로 서로의 욕구가 대립할 때 발생한다.

우리는 누구나 욕구를 가지고 있다. 아마도 우리가 삶에서 가지는 총체적인 욕구는 행복한 삶에 대한 욕구일 것이다. 행복은 삶에서 만족과 기쁨을 느끼는 흐뭇한 마음의 상태이 다. 이러한 상태는 우리의 욕구가 충족될 때 수반되는 감정 의 상태이다.

앞에서 살펴본 바와 같이 욕구는 크게 생리적인 것과 사회 적인 것으로 나눌 수 있다. 생리적 욕구는 본능적·충동적인 것으로 식욕, 수면욕, 성욕 등이다. 사회적 욕구는 심리적·인 격적인 것으로 안전·안정, 애정·소속감, 인정·존경, 성취·자아실현 등의 욕구이다.

굶주린 사람은 배불리 먹었을 때 만족과 기쁨을 느낀다. 위험에 처했던 사람은 위험에서 벗어나게 되어 안전하다고 생각할 때 만족과 기쁨을 느낀다. 사랑받지 못하던 사람은 사랑받게 될 때 만족하고 기뻐한다. 인정받지 못하던 사람은 인정받게 될 때 만족과 기쁨을 느낀다. 자신의 소질과 능력을 발휘하여 자신이 바라고 원하던 일을 성취했을 때, 우리는 성취감과 함께 그것에 수반되는 삶의 보람과 가치에 만족과 기쁨을 느낀다. 이처럼 우리가 생활 속에서 자신의 욕구가 충족되는 순간순간에 느끼게 되는 삶의 만족이나 기쁨 또는 즐거움의 상태가 행복이다.

그런데 우리는 생활 속에서 늘 행복한가? 물론 이에 대한 대답은 사람에 따라 다를 것이다. 즉 행복하다고 말하는 사람도 있고 그렇지 않다고 말하는 사람도 있을 것이다. 그러나 그렇지 않다고 말하는 사람이라고 해서 행복하기를 바라지 않거나 추구하지 않는 것은 아닐 것이다. 그럼에도 불구하고 행복하지 않은 것은 왜 그럴까?

욕구의 대상이 되는 것에는 음식물이나 돈과 같은 물질적인 것도 있고, 누구를 사랑하거나 좋은 학교에 다니고 싶어 하는 심리적인 것도 있다. 그런데 이러한 대상들은 대개 한정

미혼녀의 출산과 도덕 판단

되어 있어서 희소가치[91]를 가진다. 희소가치가 있는 것들은 그것을 원하는 사람이 여럿일 경우에는 서로 간에 갈등을 발생시킬 수 있다. 다음과 같은 두 가지 사태를 예로 들어보자.

(가) 진수는 같은 동네에 사는 중학교 동기였던 은영을 오래전부터 좋아했고 사귀고 싶어 한다. 그런데 우연히 중학교 친구인 명운과 이야기를 나누던 중에 그도 은영과 사귀고 싶어 한다는 것을 알게 되었다. 명운은 진수에게 자신을 위해 은영과 사귀는 것을 양보해 달라고 부탁했다. 그러나 진수는 그러고 싶은 생각이 전혀 없다. 은영을 너무도 좋아하기 때문이다. 오히려 명운에게 "나를 위해 네가 양보해 달라."고 말했다. 그도 싫다고 했다. 중요한 것은 '은영이가 누구와 사귀고 싶어 하는가'이겠지만, 진수는 명운이가 영 마음에 들지 않게 되었다.

(나) 지리산에 예보에도 없던 폭우가 갑자기 내려 세 명의 등산객이 조난을 당했다. 구조대와는 연락도 되지 않는 상황에서 하룻밤이 지났다. 가져간 음식물이 다 떨어져 어제 점

---

91) 희소가치稀少價値: 드물기 때문에 인정되는 가치.

심 이후에는 아무것도 먹은 것이 없어서 모두들 배가 고프다. 계곡에 불은 물은 언제 줄어들지 알 수 없다. 비는 아직도 간간이 내리고 있다. 하룻밤이 또 지났다. 다들 허기진 배를 움켜쥐고 구조를 기다릴 뿐이다. 그런데 그들 중 김 씨가 우연히 소나무 아래에서 비닐봉투 속에 있는 빵 하나를 발견했다. 살펴보니 상하지도 않았다. 김 씨는 반가운 김에 막 먹으려다가 멈칫거렸다. 다른 두 사람이 생각났기 때문이다. 주위를 둘러보니 그들도 그 사람을 쳐다보고 있었다. 하지만 김 씨는 그것을 혼자서 다 먹어도 자신의 굶주린 배를 채울 수가 없다고 생각했다.

(가)사태에서 은영은 진수와 명운에게 사랑의 대상으로서 유일무이[92]한 존재적 가치이다. 자연히 두 사람 간에 은영을 두고 서로가 사귀고 싶어 하는 욕구로 인해 갈등이 발생한다. (나)사태에서, 평소라면 빵 한 조각은 그다지 가치 있는 것이 못 된다. 경제적 가치로 따져도 몇백 원에 불과하다. 비싸야 천여 원 정도일 것이다. 그러나 이 사태에서 그 식빵은 희소가치로 작용할 뿐만 아니라 무엇보다도 가치 있는 것이

---

92) 유일무이唯一無二: 오직 하나뿐이고 둘도 없음.

되어버렸다. 언제 구조될지도 모르는 조난 사태에서 그 한 조각의 빵은 더 이상 경제적 가치로 생각할 수 없는 생명의 가치와 관련되어 작용하고 있기 때문이다. 자연히 조난당한 사람들은 한정된 음식에 대한 욕구로 인해 갈등이 일어난다.

우리는 이러한 갈등을 해결할 수 있어야 욕구를 충족시킬 수 있고, 그것에 수반[93])되는 만족과 기쁨도 느낄 수 있다. 즉 우리가 행복하지 못한 것은 주로 욕구 충족의 과정에서 다른 사람의 욕구가 나 자신의 욕구 충족을 방해할 때, 그로 인해 생기는 갈등 때문이다. 앞에서도 언급한 바와 같이 대인 관계에서 이러한 갈등이 발생한 사태가 바로 도덕적 문제 사태이다.

다시 말하면, 생활 속의 대인 관계에서 '자신의 욕구'와 '타인의 욕구'가 대립하여 갈등이 발생한 사태가 도덕적 문제 사태이다. 그리고 이러한 갈등이 발생했다는 것은 자신의 욕구와 타인의 욕구가 단순히 대립하고 있어서라기보다는 '서로의 욕구가 대립할 때는 타인의 욕구도 고려해야 한다.'는 도덕규범이 개입되었기 때문으로 보아야 할 것이다.

대인관계에서 욕구와 욕구가 대립하여 발생한 도덕적 문

---

93) 수반隨伴: 어떤 일과 더불어 생김.

제 사태는 필연적으로 '욕구와 도덕규범이 대립하는 도덕적 갈등'을 유발한다. 앞에서 (가)사태는 진수와 명운이가 은영과 사귀고 싶어 하는 욕구가 대립하여 갈등이 발생한 도덕적 문제 사태의 예이다. 이 사태에서 욕구와 대립하여 갈등을 일으키는 도덕규범은 '이성과 사귈 때 동성의 경쟁자가 나타나면, 공명정대하게 행동해야 한다.'는 규범일 것이다. (나) 사태는 조난당해 굶주린 사람들이 한 조각의 빵을 두고 서로 간에 먹고 싶은 욕구가 대립하여 발생한 도덕적 문제 사태의 예이다. 이 사태에서 욕구와 대립하여 갈등을 일으키는 도덕규범은 '서로가 배고플 때는 음식을 나눠 먹어야 한다.'는 규범일 것이다.

그런데 도덕적 문제 사태에서 발생하는 도덕적 갈등은 '욕구와 도덕규범 간에 갈등'을 넘어서 '도덕규범과 도덕규범 간에 갈등'도 있다. 이러한 갈등은 해결하기가 쉽지 않다. 둘 중에 어느 규범을 따라도 도덕적 행동으로 주장될 수 있기 때문이다. 그렇다고 하나의 문제 사태에서 두 가지 도덕규범을 다 따를 수는 없고, 어느 하나를 선택하여 따라야 하는데, 그렇게 하면 결과적으로 선택되지 않은 도덕규범에 대해서는 그것을 위반한 행동이 된다. 따라서 이러한 도덕적 문제 사태에서는 갈등을 일으키고 있는 두 가지 도덕규범 중에

　　　　　　　미혼녀의 출산과 도덕 판단

어느 것을 따라 행동해도 문제의 소지94)는 남는다. 그러므로 흔히 도덕적 논쟁을 유발시킨다. 두 가지 도덕규범이 각각 나름대로 도덕적 쟁점95)이 될 수 있기 때문이다.

예를 들어, 현대 사회에서 하나의 도덕적 쟁점이 되는 사형제도에 대해서 살펴보자. 사형은 살인과 같은 죽을죄를 지은 범죄자의 목숨을 끊는 형벌이다. 사람들 중에는 사형제도에 대해 찬성하는 사람도 있고 반대하는 사람도 있다. 찬성하는 사람들이 주장하는 도덕적 논거96)는 대개 다음과 같다.

1. 사람을 죽인 자는 죽어 마땅하다.
2. 사형은 있을 수 있는 또 다른 살인을 방지하는 효과가 있다.
3. 살인자를 감옥에 가두어 놓고 국민의 세금으로 먹여 살릴 필요는 없다.
4. 사형은 국법의 지엄함을 보여주어 법에 복종하도록 작용한다.

---

94) 소지素地: 본래의 바탕.
95) 쟁점爭點: 논쟁의 중심이 되는 내용.
96) 논거論據: 어떤 이론이나 논리, 논설 따위의 근거.

한편 사형제도에 반대하는 사람들이 주장하는 도덕적 논거는 대개 다음과 같다.

1. 국가가 정한 법에 의해 살인자를 사형하는 것도 일종의 살인 행위이다.
2. 살인자를 사형한다고 해서 죽은 사람을 되살릴 수 있는 것도 아니고, 유족에게 보상이 되는 것도 아니다. 복수에 지나지 않는다.
3. 살인자를 사형한다고 해서 살인을 방지하는 효과가 있다는 확실한 증거가 있는 것도 아니다.
4. 사형은 잘못된 재판일 경우, 죄 없는 사람을 죽인 것이 된다.

여기서 '사람을 죽인 자는 죽어 마땅하다.' 등과 같이 사형을 찬성하는 사람들과, '법에 의해 살인자를 사형하는 것도 살인이다.' 등과 같이 사형을 반대하는 사람들은, 사형이라는 하나의 제도에 대해 서로 다른 도덕규범을 주장함으로써 도덕적 갈등과 함께 논쟁을 벌이고 있다. 이러한 경우 어느 한쪽의 도덕규범을 따르는 것은 옳고, 다른 한쪽의 도덕규범을 따르는 것은 옳지 않다고 말하기 어렵다. 두 가지 도덕규

미혼녀의 출산과 도덕 판단

범은 사형제도의 존폐 여부와 관련해서 각각 도덕적 쟁점이 되고 있기 때문이다.

이 밖에도 도덕적 쟁점이 되는 사회적 문제에는 여러 가지가 있다. 예를 들면 인간이 편리하게 살아갈 수 있도록 계속해서 자연을 개발해야 하는가의 문제, 난치병 치료에 도움을 줄 수 있도록 인간 배아 복제 연구를 허용해야 하는가의 문제, 원하지 않은 임신의 경우 낙태를 허용해야 하는가의 문제, 장기 이식이 가능할 수 있도록 뇌사97)를 사망으로 인정해야 하는가의 문제, 말기 암 환자와 같이 고통을 겪고 있는 사람에게 안락사98)를 허용해야 하는가의 문제, 식물인간이 된 환자에게 계속해서 영양 공급을 해야 하는가의 문제 등이 있다.

이처럼 도덕적 쟁점이 되는 문제는 어느 것도 쉽게 해결하기 어렵다. 하나의 문제 사태에서는 대립하고 있는 도덕규범 중에 어느 하나를 따를 수밖에 없는데, 어느 것을 따라도 의견과 주장을 달리하는 사람들의 도덕규범을 모두 실현할 수는 없기 때문이다. 그렇다고 당면한 도덕적 문제 사태를 회

---

97) 뇌사腦死: 뇌의 활동이 정지되고 회복 불가능하여 결국 사망에 이르게 될 상태.

98) 안락사安樂死: 극심한 고통을 겪고 있는 환자에게 약물을 투여하거나 연명치료를 중단하여 편안하게 죽음에 이르게 하는 행위.

피해서도 안 된다. 이러한 경우 우리가 할 수 있는 최상의 방법은 가장 합리적인 도덕적 사고와 판단을 할 수 있도록 최선을 다하는 일일 것이다.

# 13

---

# 미혼녀의 출산과
# 도덕 판단 [99]

---

99) 이 장章에서는 이 책의 전반全般에 걸쳐 살펴본 주요한 도덕적 용어, 개념, 원리를 비롯해 도덕적 문제를 해결하기 위한 도덕 판단의 과정에서 요구되는 주요한 절차와 방법 등이 반복하여 언급되는 부분이 있다. 이는, 이 장은 이 책의 결론 격에 해당하는 장이어서 제1~12장에서 다룬 주요 내용의 요약이 부분적으로 요구되는 점이 있기 때문이다.

도덕적 문제 사태는 '나는 이 사태에서 마땅히 무엇을 어떻게 해야 하는가?'를 판단하여 그 판단에 따라 행동해야 하는 사태이다. 도덕 판단을 하기 위해서는 도덕적 사고를 해야 한다. 도덕적 사고는 철저한 사고이어야 한다. 철저한 도덕적 사고는 비판적 사고와 배려적 사고를 아울러 요구한다.

도덕적 문제 사태에서 해야 하는 비판적 사고는 그 문제에 관련된 사람들의 이익을 공정하게 고려하기 위해 의도적이고 자기 규제적인 판단을 하기 위한 사고방식이다. 이 방식에는 주로 열린 마음과 합리적인 반성적 사고[100]가 작용한

---

[100] 반성적 사고反省的 思考: 처음 생각이나 수집된 정보로 성급하게 판단을 내리는 것이 아니라 더 좋은 다른 대안들이 있는지 비판적으로 더 살피고 생각하여 판단을 내리는 사고방식.

다. 이러한 비판적 사고는 다음과 같은 절차와 방법으로 이루어진다.

1. 문제 사태와 관련된 정보를 수집한다.
2. 정보 원천을 평가하여 사실과 의견을 구분한다.
3. 비판에 비추어 의견을 수정한다.
4. 의견의 차이를 수용하여 합의를 이끈다.
5. 추론에서 편견이나 오류가 없는가를 찾아본다.

배려적 사고도 문제에 관련된 사람들의 이익을 공정하게 고려하기 위해 그들의 생각이나 정서·감정은 무엇인가에 대한 인식과 판단을 하기 위한 사고방식이다. 이 방식에는 주로 감정이입과 공감이 작용한다. 이러한 배려적 사고는 다음과 같은 절차와 방법으로 이루어진다.

1. 타인에게 관심을 가진다.
2. 도덕적 상상을 통해 역지사지한다.
3. 타인의 생각이나 감정을 인식하고 수용한다.
4. 타인을 배려하는 합당한 말과 감정을 표현한다.

미혼녀의 출산과 도덕 판단

다음과 같은 문제 사태에서 도덕 판단을 위한 비판적 사고와 배려적 사고를 해 보자.

열일곱 살인 나, 갑순이는 동갑인 갑돌이와 작년 봄부터 사귀어 왔다. 그런데 우리는 겨울 방학 때 어쩌다가 같이 잔 적이 있었다. 설마 했는데 나는 지금 임신 두 달째이다. 아기를 낳아야 할지, 지워야 할지 갈등하고 있다. 나는 어떻게 해야 할까?

나는 갑돌이의 의견을 들어보았다. 그는 어떻게 해야 할지 판단이 서지 않는다며 내 뜻에 맡기겠다고 한다. 갑돌이의 부모님은 태아[101]를 지우자고 하신다. 나와 갑돌이가 가정을 꾸리기에는 너무 어리고 여러 가지 면에서 전혀 준비되어 있지 않을 뿐 아니라, 대학을 진학하여 의사가 되고자 하는 갑돌이의 진로를 그르칠 수 있다고 생각하시기 때문이다. 나의 아버지도 갑돌이의 부모님과 같은 생각을 하신다. 내가 대학에 진학하여 디자이너가 되고 싶어 한다는 것을 잘 알고 계시기 때문이다.

---

101) 태아胎兒: 임신 2개월째부터 태어나기까지 모체에 있는 아기를 일컫는 말.

그러나 나의 어머니는 낙태에 반대하신다. 낙태는 살인 행위라고 생각하시기 때문이다. 그렇다고 아기가 태어나면 길러주시거나 나에게 기르게 하려는 것도 아니다. 출산 후 입양시키자고 하신다. 나는 어머니의 생각에 공감이 간다. 하지만 바로 그렇게 하겠다는 결심이 서지는 않는다.

나는 낙태와 관련된 법에 대해서도 알아보았다. 우리나라 형법은 지난 수십 년간 낙태를 금지하였다. 하지만 모자보건법은 낙태가 허용되는 경우를 명시하고 있다. (1) 본인·배우자가 유전학적 장애가 있는 경우, (2) 본인·배우자가 전염성 질환이 있는 경우, (3) 강간에 의해 임신된 경우, (4) 혈족·인척 간 임신된 경우, (5) 본인의 건강을 심각하게 해치는 경우다. 이외의 이유로 행해진 낙태는 형법에 의해 임신 당사자와 의료인 모두 처벌받았다.

그런데 이러한 모자보건법의 일부 허용 조건은 사실 여부의 확인이 어려워서 그러한 조건을 빙자하여 임부[102]가 낙태를 요구할 때, 의료인은 그것을 받아들이지 않을 수 없는 실정이었다. 다시 말하면, 임부가 태아를 지우고자 마음만 먹는다면 법적인 문제로 어려움이 있지는 않았다. 이로 인해

---

102) 임부姙婦: 아이를 밴 여자

미혼녀의 출산과 도덕 판단

사실상 형법의 낙태 금지 조항은 사문화[103]된 상태였다. 그러다가 헌법재판소는 2019년 4월 11일 자로 '낙태죄는 헌법에 위배되는 법률이다'라는 판결을 내렸고, 유예 기간을 거친 이 법률은 2021년부터 시행되기에 이르렀다. 따라서 모자보건법이 정하는 낙태의 수술 허용 범위만 남게 되고, 형법이 정하는 처벌 규정은 없어진 상태이다. 즉 낙태죄는 더 이상 형법상 죄가 되지 않는다.

하지만 나는, 낙태는 법적 문제로 접근하기보다는 도덕적 문제로 보아야 마땅하다는 생각이 들었다. 내가 임신을 원했던 것은 아니다. 그렇다고 임신 사실을 알고 난 지금, 갑돌이와 결혼을 해야겠다는 생각이 있는 것도 아니다. 나는 결혼을 먼 훗날의 일로 생각하고 있다. 현재로서는 결혼에 대해 어떤 생각도 할 수 없는 처지이다. 나는 갑돌이를 좋아했고 지금도 좋아하고 있지만, 분별없는 성관계로 임신하게 된 데 대해 지금 몹시 후회하며 자책하고 있다. 그 책임으로 아이를 낳아 길러야 한다는 생각도 해 보았다. 그러나 그렇게 하자면 대학 진학을 하여 디자이너가 되고자 하는 내 삶의 계획은 포기해야 할 형편이다.

---

103) 사문화死文化: 법령이나 규칙 따위가 실제적인 효력을 잃어버림.

나는 아기를 지워버릴까 하는 생각을 해 보았다. 태아가 인간이 아니라면, 그렇게 할 수도 있다는 생각이 들었기 때문이다. 그래서 태아에 관한 책도 읽으며 태아가 인간인가에 대해 생각해 보았다. 그러던 중 이 세상을 살았고, 현재 살고 있는 모든 인류는 누구나 모체 속의 태아였다는 사실을 깨닫게 되었다. 이는 내게 태아가 인간인가에 대한 의심을 사라지게 했다. 낙태가 살인 행위라는 생각도 확실해졌다.

한편 낙태에 찬성하는 사람들의 생각은 어떠한가에 대해서도 알아보았다. 그들도 태아를 인간으로 생각하고 낙태를 살인 행위로 생각하는 것은 나와 마찬가지였다. 다만 태아의 이익과 임부의 이익이 대립할 때는 임부의 이익을 우선해야 한다는 생각으로 낙태에 찬성하는 입장을 취했다. 그들이 임부의 이익으로 생각하는 것은 질환 등 모자보건법이 허용하는 낙태의 경우와 관련된 것들이었다. 하지만 그들은, 질환 등과 무관하게 나와 같이 십 대 미혼녀로서 장차 갑돌과 결혼할 생각도 없고, 대학에 진학하여 디자이너와 같은 전문직 여성으로 살아가려는 생애 설계를 하는 경우에도 낙태가 임부를 위하는 일이라고 생각하고 있었다.

나도 이러한 그들의 생각에 동조하는 부분이 있기는 하다. 하지만 마음 편히 동의할 수는 없다는 생각이 들었다. 태아

미혼녀의 출산과 도덕 판단

와 임부의 이익이 대립할 때, 어떤 이유가 됐건 임부의 이익을 우선한다는 것은 결국 태아의 생명을 희생시키는 것이고, 이는 곧 살인 행위가 되기 때문이다.

나는 태아의 입장에서도 생각해 보았다. 태아는, 비록 내 몸속에서 자라고 있기는 하지만, 나의 소유물은 아니라는 생각을 하게 되었다. 태아 자체가 하나의 개체로서 독립된 생명체임이 틀림없다는 생각이 들었다. 어미인 나의 사랑과 관심과 보호 아래 건강하게 자라 태어나기를 바랄 것이다. 생각이 이에 이르게 되자, 대학을 못 가고 디자이너가 못 되더라도 아기를 낳아 길러야 하지 않겠는가 하는 생각이 들었다. 그렇게 하는 것이 분별없이 한 임신이기는 하나, 결과에라도 책임지는 일이라고 생각했기 때문이다. 하지만 그 순간, 그렇게 하면 나의 인생 설계는 어떻게 해야 하는가 하는 생각이 되살아났다.

나는 내가 아기를 낳을 경우 주위에서 쏟아질 비난을 잘 알고 있다. 처녀가, 그것도 여고생이 아기를 낳았으니 부도덕하다는 주위 사람들의 비난에 어찌할 바를 모를 것이다. 사실 나도 임신한 내가 싫다. 부끄럽다. 부모님은 수치스럽다고 말씀하신 적이 있다. 나는 이러한 이유로도 태아를 지워버릴까 하는 생각을 한 적이 있었다. 그렇게 하면, 가족 이외에 이 사실에 대해 아는 사람도 없을 것이고 그렇게 하는 것이 나를 위하는 일이라는 생각도 들었기 때문이다.

이처럼 나는 아기를 낳아야 할지 지워야 할지에 대해 며칠을 두고 밤낮으로 갈등하며 생각해 보았다. 마침내 오늘 '태아를 지워서는 안 된다.'는 생각을 굳혔다. 낙태는 살인 행위이기 때문이다. 아기를 낳은 후 내가 직접 기를 수 없는 처지라는 것도 확실해졌다. 대학을 진학하여 디자이너가 되고자 하는 나의 인생 설계를 포기할 수 없기 때문이다. 결국 '아기를 낳아서 입양시켜야 한다.'고 결심했다. 이에 대해 나는 태어날 아기에게 죄스럽게 생각하며 용서를 빈다. 나는 이러한 나의 생각과 결심을 갑돌이에게 말했다. 그도 동의했다.

지금까지 원하지 않은 임신을 한 17세의 여고생 갑순이가 '아기를 낳아야 할지'에 대해 자신의 진로와 관련해 갈등하는 가운데 비판적 사고와 배려적 사고를 하여 도덕 판단을 하는 모습에 대해 살펴보았다. 그 과정에서 비판적 사고와 배려적 사고가 독립적으로 작용하기보다는 통합적으로 작용하는 것도 알 수 있었다. 도덕적 사고는 이성이 주로 작용하는 비판적 사고와 감성이 주로 작용하는 배려적 사고가 동시에 그리고 함께 작용함으로써 이루어지는 도덕 판단의 방법이기 때문이다.

우리는 앞에서 17세인 갑순이가 원하지 않은 임신을 한 상태에서 아기를 낳아야 할지 지워야 할지에 대해 도덕적 사고를 거쳐 도덕 판단을 내리는 과정에 대해 살펴본 셈이다. 그녀가 내린 도덕 판단은 '나는 태아를 지워서는 안 되고, 낳아서 입양시켜야 한다.'로 정리될 수 있다. 이 판단은 (1) '나는 태아를 지워서는 안 된다.'는 판단과 (2) '나는 아기를 낳아서 입양시켜야 한다.'는 판단이 통합된 것이다. 이제 이러한 도덕 판단이 정당화될 수 있는가에 대해 살펴보자. 도덕 판단이 정당화되어야 그것을 수용할 수 있기 때문이다.

일반적으로, 앞에서 살펴본 바와 같이 도덕 판단은 판단의 기준이 되는 도덕 원리와 판단의 기초가 되는 사실 판단의 지지를 받아 이루어진다. 그러므로 도덕 판단이 정당화될 수 있으려면, 판단에서 사용된 도덕 원리와 사실 판단이 타당해야 한다. 이들의 타당성을 검토하려면, 도덕 판단을 내리는 과정에서 사용된 도덕 원리와 사실 판단이 무엇이었는가가 진술되어야 한다.

갑순이가 '나는 태아를 지워서는 안 된다.'는 도덕 판단(결론)을 내리는 과정에서 사용한 도덕 원리와 사실 판단을, 앞서 언급된 그녀의 도덕적 사고 과정에서 드러난 내용에 기초하여 삼단논법의 형식으로 진술하면 다음과 같다.

- 도덕 원리(대전제): 살인을 해서는 안 된다.
- 사실 판단(소전제): 내가 태아를 지우는 것은 살인이다.
- 도덕 판단(결론): 나는 태아를 지워서는 안 된다.

먼저 '내가 태아를 지우는 것은 살인이다.'는 사실 판단이 타당한가를 검토해 보자. 사실 판단의 타당성 여부는 사실 판단으로 진술된 내용이 참인가, 거짓인가에 달려 있다. 살인殺人은 인간을 죽이는 것이다. 따라서 태아가 인간이면, '내가 태아를 지우는 것은 살인이다.'는 진술은 참이다.

문제는 '태아는 인간인가?'이다. 앞에서 갑순이는 '태아는 인간이다.'는 판단을 내린 것으로 해석된다. 그녀는 이 판단의 근거로, "이 세상을 살았고, 현재 살고 있는 모든 인류는 누구나 모체 속의 태아였다."를 제시했다. 다시 말하면, 누구든 '지금의 나는 인간이지만, 내 생명의 시작인 모체 속에 태아였던 나는 인간이 아니었다.'고 말할 수 없을 것이다. 그러므로 '태아는 인간이다.'는 판단은 참이라는 뜻이다. 만약에 어떤 사람이 이러한 판단에 동의하지 않는다면, 그 사람은 '출산된 아기도 인간이 아니다.'는 말에 동의해야 한다. 그러나 이 말에 동의하는 사람이 있겠는가?

미혼녀의 출산과 도덕 판단

이 맥락에서 출산된 아기와 태아의 차이는 무엇인가? 그것은 출산 과정에서 소요된 비교적 짧은 시간뿐이다. 우리는 시간의 전·후를 기준으로 하여 출산된 아기는 인간이고 출산 전의 태아는 인간이 아니라고 말할 수 없다. 전자와 후자는 시간상의 차이만 있을 뿐 동일한 실체失體이기 때문이다. 동일한 생명체이기 때문이다. '태아는 인간인가?'에 대한 이러한 논증은 '내가 태아를 지우는 것은 살인이다.'라는 사실 판단이 타당하다는 것을 보여준다.

다음으로 '살인을 해서는 안 된다.'는 도덕 원리가 타당한가에 대해 검토해 보자. 이 원리는 '나는 태아를 지워서는 안 된다.'는 도덕 판단에서 판단의 기준으로 사용된 원리이다. 그런데 도덕 판단에는, 가치 판단에서도 그러하듯이 개인의 주관이 개입된다. 하지만 도덕 판단은 주관적으로만 이루어져서는 안 된다. 이는, 도덕 판단에서 작용하는 주관은 동시에 상호 주관적이어야 한다는 뜻이다. 도덕은 개인만의 문제가 아닌 우리 모두의 문제이기 때문이다.

우리는 어떻게 상호 주관적인 도덕 판단을 할 수 있는가? 도덕 판단은 사실에 근거하되 도덕 원리를 판단의 기준으로 하여 내려진다. 따라서 상호 주관적인 도덕 판단을 하려면, 판단에 사용된 도덕 원리가 상호 주관적으로 타당해야 한다.

그래야 도덕 판단도 정당화될 수 있다.

그런데 우리는 어떻게 도덕 원리가 상호 주관적으로 타당한가를 알 수 있는가? 이를 알 수 있는 최선의 방법은 도덕적 상상을 통한 역지사지이다. 나의 입장에서 내가 나를 생각하거나 남이 나를 생각해 주기만을 바랄 것이 아니라, 남의 입장에서 그 사람이 자기를 생각하거나 내가 그 사람을 생각해 주기를 바라는 것이 무엇인가도 생각해 보아야 한다. 이러한 역지사지는 '아, 내가 남에게 대접받고 싶어 하듯이 남도 나에게 대접받고 싶어 하는구나!'를 알 수 있게 해 준다. 이러한 도덕적 상상 속의 역지사지는 도덕 판단에서 판단의 기준으로 작용하는 도덕 원리의 상호 주관성을 확보할 수 있는 방법이 된다.

인간은 누구도 다른 사람의 손에 죽는 것을 바라지 않는다. 갑순이가 임신을 원했든 원하지 않았든, 그리고 출산 후 아기를 양육[104]할 처지가 되든 되지 못하든, 임신된 태아도 생명을 가진 인간임이 틀림없다. 태아 역시 죽는 것을 바라지 않을 것이다. 이는 모든 생명체가 가진 자기 보존의 본능이다. 이 세상에 태어난 누구도 자신이 모체 속에 태아로 있

---

104) 양육養育: 아기를 보살펴서 자라게 함.

미혼녀의 출산과 도덕 판단

었을 때 죽게 되었기를 바라는 사람은 없을 것이다. 이러한 논증은 도덕 판단의 기준으로 사용된 '살인을 해서는 안 된다.'는 도덕 원리가 타당하게 수립되었음을 보여준다.

이제 갑순이가 '나는 아기를 낳아서 입양시켜야 한다.'는 도덕 판단이 정당화될 수 있는가에 대해 검토해 보자.

갑순이가 이 판단을 내리는 과정에서 판단의 준거로 사용하기 위해 수립한 도덕 원리와 판단의 기초로 사용하기 위해 제시한 사실 판단이 무엇이었는가를, 앞에서 갑순이의 도덕적 사고 과정에 드러난 내용을 참조·분석하여 진술해 보겠다.

- 도덕 원리: 아기를 양육할 처지가 되지 못하는 미혼녀는 낳아서 입양시켜야 한다.
- 사실 판단: 나는 아기를 양육할 처지가 되지 못하는 미혼녀이다.
- 도덕 판단: 나는 아기를 낳아서 입양시켜야 한다.

앞에서 갑순이가 '나는 아기를 양육할 처지가 되지 못하는 미혼녀이다.'는 사실 판단을 내리는 과정에서 보여준 이유는 다음과 같이 정리될 수 있다.

1. 나는 17세의 미혼녀이고 임신을 원했던 것이 아니다.
2. 나는 갑돌과 결혼할 생각이 없다.
3. 나는 대학을 진학하여 디자이너가 되고자 하는 인생 설계를 포기할 수 없다.

이러한 이유들은 갑순이가 내린 사실 판단이 정당화될 수 있는 타당한 이유가 될 수 있을 것이다.

한편, 갑순이가 '아기를 양육할 처지가 되지 못하는 미혼녀는 낳아서 입양시켜야 한다.'는 도덕 원리의 수립에 내재한 이유는 다음과 같이 정리될 수 있다.

1. 태아는 인간 생명체이다. 생명체는 살기를 바란다.
2. 아기를 양육할 처지가 되지 못한다고 해서 태아를 지우는 살인을 해서는 안 된다.
3. 그러한 이유로 태아를 지우기보다는, 낳아서 입양시키는 것이 옳다.

이러한 이유들 역시 갑순이가 수립한 도덕 원리가 정당화

미혼녀의 출산과 도덕 판단

될 수 있는 타당한 이유가 될 수 있을 것이다.

이상에서 살펴본 바와 같이 갑순이가 '나는 아기를 낳아서 입양시켜야 한다.'고 내린 도덕 판단은 타당한 사실 판단과 도덕 원리의 지지를 받아 정당화 가능하다.